Übungsbuch Buchführung, Bilanzierung und Umsatzsteuer

Karin Nickenig

Übungsbuch Buchführung, Bilanzierung und Umsatzsteuer

Über 150 Aufgaben
mit Lösungen für gezieltes Lernen

2., durchgesehene Auflage

 Springer Gabler

Karin Nickenig
Mülheim-Kärlich, Deutschland

ISBN 978-3-658-22717-3   ISBN 978-3-658-22718-0   (eBook)
https://doi.org/10.1007/978-3-658-22718-0

Die Deutsche Nationalbibliothek verzeichnet diese Publikation in der Deutschen Nationalbibliografie; detail-
lierte bibliografische Daten sind im Internet über http://dnb.d-nb.de abrufbar.

Springer Gabler
© Springer Fachmedien Wiesbaden GmbH, ein Teil von Springer Nature 2018, 2018

Gedruckt auf säurefreiem und chlorfrei gebleichtem Papier

Springer Gabler ist ein Imprint der eingetragenen Gesellschaft Springer Fachmedien Wiesbaden GmbH und ist
ein Teil von Springer Nature
Die Anschrift der Gesellschaft ist: Abraham-Lincoln-Str. 46, 65189 Wiesbaden, Germany

Vorwort

Dieses Buch soll jedem Fachinteressierten (z. B. Auszubildende, Kaufmännische Ange-
stellte, Studierende oder Unternehmer) die Möglichkeit liefern, anhand von zahlreichen
Übungsaufgaben Fachwissen auf dem Gebiet der Buchführung, Bilanzierung und der
Umsatzsteuer zu erwerben bzw. zu festigen.

Alle vorgenannten Themenbereiche beinhalten sowohl Aufgabenstellungen mit leich-
tem, mittleren und hohem Schwierigkeitsgrad.

Lösungsvorschläge finden Sie direkt im Anschluss an die Aufgabe.

Das Buch erhebt keinen Anspruch auf Vollständigkeit, sondern soll den interessierten
Leser bei der Festigung seiner Kenntnisse unterstützen.

Haben Sie Fragen, Hinweise oder Anmerkungen? Dann freut sich die Autorin Karin
Nickenig sehr über Ihre Kontaktaufnahme per Mail office@karin-nickenig.de oder über
ihre Website www.karin-nickenig.de.

Nun viel Freude und Erfolg beim Bearbeiten und Lösen nachfolgender Aufgaben!

Mülheim-Kärlich, im Juni 2018   *Karin Nickenig*

Inhaltsverzeichnis

Abkürzungsverzeichnis (eine Auswahl)

AB	Anfangsbestand
AO	Abgabenordnung
ARAP	Aktive Rechnungsabgrenzungsposten
AV	Anlagevermögen
EBK	Eröffnungsbilanzkonto
EK	Eigenkapital
e. K.	eingetragener Kaufmann
EStG	Einkommensteuergesetz
etc.	et cetera
EUSt	Einfuhrumsatzsteuer
EÜR	Einnahmen-Überschuss-Rechnung
FK	Fremdkapital
Ford. aLuL	Forderungen aus Lieferungen und Leistungen
GesV	Gesamtvermögen
GmbH	Gesellschaft mit beschränkter Haftung
GuV	Gewinn- und Verlustrechnung
HGB	Handelsgesetzbuch
i. V. m.	in Verbindung mit
OPOS	Offene Posten
PRAP	Passive Rechnungsabgrenzung
SachV	Sachvermögen
SBK	Schlussbilanzkonto
u. a.	und andere
UStAE	Umsatzsteuer-Anwendungserlass (früher: Umsatzsteuer-Richtlinie)
UStG	Umsatzsteuergesetz
usw.	und so weiter
UV	Umlaufvermögen
u. v. m.	und vieles mehr
vgl.	vergleiche
Verb. aLuL	Verbindlichkeiten aus Lieferungen und Leistungen

Buchführung – Aufgaben und Lösungen

Zusammenfassung

Im Kapitel *Buchführung* werden dem Leser zahlreiche Übungen zu grundlegenden Themen (z. B. Buchen von Bestands- und Erfolgskonten) und ausgewählten Fragen (z. B. Personalkosten, Sachbezüge) angeboten.

In diesem Kapitel werden zahlreiche Übungsaufgaben unterschiedlicher Schwierigkeitsgrade zum Thema Buchführung angeboten.

Im Folgenden werden Aufgaben zu unterschiedlichen Themengebieten im Rahmen der Buchführung – alphabetisch geordnet – dargestellt. Zunächst erfolgt die Darstellung der Aufgaben und Sachverhalte pro Fachgebiet, im Anschluss – unterhalb der Aufgabenstellung – erfolgt der Lösungsvorschlag.

1.1   Allgemeine Fragen zur Buchführung

Aufgabe

1. Wofür steht die Abkürzung *Fibu*?
2. Aus welchen Komponenten setzt sich der *Jahresabschluss* eines Einzelunternehmens zusammen?
3. Wofür steht die Abkürzung *Doppik*?
4. Was ist unter *OPOS* zu verstehen?

© Springer Fachmedien Wiesbaden GmbH, ein Teil von Springer Nature 2018
K. Nickenig, *Übungsbuch Buchführung, Bilanzierung und Umsatzsteuer*,
https://doi.org/10.1007/978-3-658-22718-0_1

5.   Was ist ein *Debitor*?
6.   Wofür steht der *Kreditor*?
7.   Wofür steht die Abkürzung *BWA*?
8.   Nennen Sie drei *Grundsätze der ordnungsgemäßen Buchführung.*
9.   Welche zwei wichtigen *Gesetze* regeln die Buchführungspflicht?
10. Wofür steht die Abkürzung *Susa*?
11. Nennen Sie bitte zwei typische Fehler in der Buchführung
12. Was versteht man unter einem *Buchungssatz*?
13. Wie hoch ist die Anzahl der Monate pro *Wirtschaftsjahr*?
14. Wie hoch ist die Anzahl der Monate in einem *Rumpfwirtschaftsjahr*?
15. Worin mündet die Buchführung am Ende eines Wirtschaftsjahres?

Ihr Lösungsvorschlag:

Lösung

1. Finanzbuchhaltung/Finanzbuchführung
2. Bilanz, Gewinn- und Verlustrechnung (kurz: GuV)
3. Doppelte Buchführung in Konten
4. OPOS = Offene Posten; vgl. OPOS-Listen bei Kunden oder Lieferanten
5. Kunde
6. Lieferant
7. Betriebswirtschaftliche Auswertung
8. Keine Buchung ohne Beleg (Belegprinzip), Grundsatz der Vollständigkeit, Grundsatz der Richtigkeit
9. HGB, AO
10. SuSa = Summen- und Saldenliste
11. Buchung auf Zuruf (ohne Beleg), Kassenbestand wird nicht abgestimmt und ist täglich negativ u. a.
12. Der Buchungssatz ist eine Anweisung an die Buchhaltung, einen Geschäftsvorfall auf den entsprechenden Konten zu erfassen.
13. 12 Monate
14. < 12 Monate
15. Bilanz, Gewinn- und Verlustrechnung (Anhang, bei Kapitalgesellschaften)

1.2 Betriebliches Rechnungswesen

Aufgabe

Worin bestehen die wesentlichen Unterschiede zwischen **internem** und **externem Rechnungswesen**?

Ihr Lösungsvorschlag:

Lösung

Das *externe Rechnungswesen* ist vergangenheitsorientiert und hat die Zielsetzung, externe Adressaten wie z. B. Finanzamt, Bank, Kunden, Arbeitnehmer über das Zahlenmaterial innerhalb des Unternehmens zu informieren. Die Buchführungspflicht ist gesetzlich durch das Handelsgesetzbuch (HGB) und die Abgabenordnung (AO) geregelt. § 238 HGB beinhaltet die handelsrechtliche Buchführungspflicht für Kaufleute; die Vorschriften §§ 140 [1] und 141 AO [2] regeln die steuerliche Verpflichtung.

Das *interne Rechnungswesen* ist ein zukunftsorientierter und nicht gesetzlich vorgeschriebener Teil des betrieblichen Rechnungswesens. Es unterstützt das Management beim Planen, Steuern und Kontrollieren von Betriebsprozessen zur langfristigen Erhaltung der Unternehmenssubstanz.

1.3   Buchführungspflicht

In diesem Abschnitt werden Übungen zur handels- und steuerlichen Buchführungspflicht behandelt.

1.3.1   Buchführungspflicht nach Handels- und nach Steuerrecht

Aufgabe

Was versteht man unter „originärer" und „derivativer" Buchführungspflicht?

Ihr Lösungsvorschlag:

Lösung

Bei der *derivativen Buchführungspflicht* handelt es sich um die abgeleitete Buchführungspflicht nach § 140 AO [1]. Wer nach anderen Gesetzen als den Steuergesetzen
Bücher zu führen hat, muss dieses auch für Zwecke der Besteuerung tun.

Bei der *originären Buchführungspflicht* handelt es sich um die selbstständige Buchführungspflicht nach § 141 AO [2]. Hier wird die Buchführungspflicht ausgelöst, sobald
z. B. die Grenze von 60.000,00 EUR Gewinn oder 600.000,00 EUR Umsatz von einem
Gewerbetreibenden oder Land- und Forstwirt überschritten werden. Für Freiberufler gilt
diese Vorschrift nicht!

1.3.2 Freiberufler

Aufgabe

Müssen Zahnärzte bilanzieren? Bitte begründen Sie kurz Ihre Antwort unter Angabe
der gesetzlichen Vorschrift im Einkommensteuergesetz (EStG).

Ihr Lösungsvorschlag:

Lösung

Nein, Zahnärzte sind Freiberufler gemäß § 18 EStG [3] und damit *nicht* buchführungspflichtig. Es werden von dieser Berufsgruppe nur *steuerlich relevante* Sachverhalte auf-
gezeichnet. Mit Hilfe einer Einnahmen-Überschuss-Rechnung (EÜR) wird das betriebliche Ergebnis am Ende eines Wirtschaftsjahres ermittelt. Hierbei werden betriebliche
Einnahmen (Betriebseinnahmen) den betrieblichen Ausgaben (Betriebsausgaben) gegenüber gestellt.

Der Zahnarzt kann sich aber freiwillig für die Buchführungspflicht bzw. für die Bilanzierung entscheiden. Hier muss er dann jedoch jeden betrieblichen Geschäftsvorfall erfassen. Er wird hierdurch aber nicht zum Kaufmann. Das Handelsgesetzbuch (HGB) hat für ihn keine Bedeutung.

1.3.3 Kapitalgesellschaft

Aufgabe

Warum gehört z. B. die Gesellschaft mit beschränkter Haftung (GmbH) oder die Aktiengesellschaft (AG) zu den buchführungspflichtigen Gesellschaften?

Ihr Lösungsvorschlag:

Lösung

Sowohl die Gesellschaft mit beschränkter Haftung (GmbH) als auch die Aktiengesellschaft (AG) sind Formkaufmann im Sinne des § 6 HGB [4] und damit buchführungspflichtig. Eine Befreiung von der Buchführungspflicht nach § 241a HGB [5] kommt nicht in Betracht. Diese gilt nur für Einzelkaufleute.

1.4 Buchungssätze und T-Konten (allgemein)

Aufgabe

1. Wie sieht ein *T-Konto* allgemein aus? Bitte gehen Sie auch auf die Seitenbezeichnung ein.
2. Wie stellt man einen *(einfachen) Buchungssatz* in einer Buchungsliste dar?
3. Wie sieht ein *zusammengesetzter Buchungssatz* aus?

Ihr Lösungsvorschlag:

Lösung

1. Das *T-Konto* kann wie folgt dargestellt werden:

S	Konto A	H
1.	10.000,00 €	

2. Der *Buchungssatz* (Anweisung zur Erfassung eines Geschäftsvorfalls) kann allgemein wie folgt dargestellt werden:

Nr.	Soll	Haben	Betrag/€	Text
1.	Konto A	Konto B	10.000,00	Geschäftsvorfall

3. Der *zusammengesetzte Buchungssatz* besteht aus mindestens drei Konten, wie nachfolgende Darstellung zeigt:

S	Grundstück	H		S	Kasse	H
1.	100.000,00 €				1.	10.000,00 €

S	Bank	H
	1.	90.000,00 €

Die Buchungsanweisung in der Buchungsliste kann wie folgt dargestellt werden:

Buchungsliste:

Nr.	Soll	Haben	Betrag/€	Text
1.	Grundstück		100.000,00	Kauf unbebautes Grundstück
2.		Kasse	10.000,00	Baranteil Kauf Grundstück
3.		Bank	90.000,00	Überweisung Kauf Grundstück

1.4.1   Buchungssätze (Bestandskonten)

Aufgabe

Bilden Sie bitte die *Buchungssätze* für nachfolgende einfache Geschäftsvorfälle und tragen Sie diese in die hierfür vorgesehene Buchungsliste ein:

1. Tilgung eines betrieblichen Bankdarlehens aus der Geschäftskasse: 500,00 EUR
2. Tagesseinnahmen aus der Kasse werden auf das betriebliche Girokonto (negativer Bankbestand) eingezahlt: 5.000,00 EUR
3. Tagesseinnahmen aus der Kasse werden auf das betriebliche Girokonto (positiver Kontenstand) eingezahlt: 2.000,00 EUR
4. Kauf eines betrieblichen Grundstücks (Anlagevermögen) auf Ziel: 20.000,00 EUR

Ihr Lösungsvorschlag:

Nr.	Soll	Haben	Betrag/€	Text
1.				
2.				
3.				
4.				

Lösung

Folgende Buchungssätze sind möglich:

Buchungsliste:

Nr.	Soll	Haben	Betrag/€	Text
1.	Darlehen	Bank	500,00	Tilgung Darlehen
2.	Bank	Kasse	5.000,00	Bareinzahlung auf Bankkonto
3.	Bank	Kasse	2.000,00	Bareinzahlung auf Bankkonto
4.	Grundstück	Verb. aLuL	20.000,00	Kauf Grundstück

1.4.2   Buchungssätze (Bestands- und Erfolgskonten)

Bilden Sie bitte die *Buchungssätze* für nachfolgende Geschäftsvorfälle und tragen Sie diese in die hierfür vorgesehene Buchungsliste ein. In die letzte Spalte tragen Sie bitte die Ergebnisveränderung ein.

1. Barkauf von Briefmarken in Höhe von 50,00 EUR.
2. Wir verkaufen einem Kunden Ware auf Rechnung ohne Umsatzsteuer in Höhe von 100,00 EUR.
3. Wir kaufen Handelsware für 10.000,00 EUR inkl. 19 % USt.
4. Wir erhalten eine Zinsgutschrift unserer Bank: 120,00 EUR.
5. Kauf eines Pkw auf Ziel 20.000,00 EUR zzgl. 19 % USt.
6. Abschreibung der Maschine am Ende des Wirtschaftsjahres: 12.000,00 EUR.
7. Gutschrift einer Versicherungsentschädigung durch den Versicherer in Höhe von 5.000,00 EUR auf dem betrieblichen Girokonto.
8. Eingangsrechnung für die betriebliche Telefonnutzung in Höhe von 119,00 EUR inkl. 19 % USt.
9. Zahlung einer Tankrechnung (betrieblich) bar: 20,00 EUR netto zzgl. 19 % USt.
10. Renovierungskosten für das Büro werden per Bank bezahlt. Es wurde zuvor kreditorisch gebucht. Der Betrag lautet auf 200,00 EUR zzgl. 19 % USt.

Ihr Lösungsvorschlag:

Nr.	Soll	Haben	Betrag/€	Ergebnisauswirkung/€
1.				
2.				
3.				
4.				
5.				
6.				
7.				
8.				
9.				
10.				

Lösung

Folgende Buchungssätze sind möglich:

Buchungsliste:

Nr.	Soll	Haben	Betrag/€	Ergebnisauswirkung/€
1.	Porto	Kasse	50,00	./. 50,00
2.	Ford.aLuL	Erlöse 0 % USt	100,00	+100,00
3.	Wareneinkauf	Verb.aLuL	8.403,36	./. 8.403,36
	VoSt 19 %	Verb.aLuL	1.596,64	neutral
4.	Bank	Zinserträge	120,00	+120,00
5.	Pkw	Verb.aLuL	20.000,00	Neutral
	VoSt 19 %	Verb.aLuL	3.800,00	Neutral
6.	AfA	Maschine	12.000,00	./.12.000,00
7.	Bank	Versicherungs-entschädigung	5.000,00	+5.000,00
8.	Telefon	Verb.aLuL	100,00	./. 100,00
	VoSt 19 %	Verb.aLuL	19,00	Neutral
9.	Lfd. Kfz-Betriebskosten	Kasse	20,00	./. 20,00
	VoSt 19 %	Kasse	3,80	Neutral
10.	Verb.aLuL	Bank	238,00	Neutral

1.4.3 Deutung von Buchungssätzen

Aufgabe

Bitte deuten Sie nachfolgende Buchungssätze. Es sind mehrere Antwortmöglichkeiten denkbar. Auf Beträge wird hier ausnahmsweise verzichtet, da sie zur Lösung der Aufgabenstellung nicht erforderlich sind.

1.	Forderungen aus Lieferungen und Leistungen an Erlöse
	Lösung:

2.	Bank an Kasse
	Lösung:

3.	Verbindlichkeiten aus Lieferungen und Leistungen an Darlehen
	Lösung:

4.	Postbank an Forderungen aus Lieferungen und Leistungen
	Lösung:

5.	Wareneinkauf an Verbindlichkeiten aus Lieferungen und Leistungen
	Lösung:

6.	Umsatzsteuer-Vorauszahlung an Bank
	Lösung:

7.	Bank an Zinserträge
	Lösung:

8.	Berufsgenossenschaftsbeiträge an Rückstellungen
	Lösung:

9.	Rückstellung an Bank
	Lösung:

10.	Absetzung für Abnutzung (AfA) an Pkw
	Lösung:

Lösung

Hier nun einige Lösungsvorschläge:

1.	Forderungen aus Lieferungen und Leistungen an Erlöse
	Lösung: Verkauf von Waren oder Dienstleistungen auf Ziel
2.	Bank an Kasse
	Lösung: Bareinzahlung der Tageskasse auf das betriebliche Bankkonto
3.	Verbindlichkeiten aus Lieferungen und Leistungen an Darlehen
	Lösung: Umschuldung einer Lieferantenverbindlichkeit in ein Darlehen.
4.	Postbank an Forderungen aus Lieferungen und Leistungen
	Lösung: Zahlung eines Kunden auf das Postbankkonto zum Ausgleich einer Forderung
5.	Wareneinkauf an Verbindlichkeiten aus Lieferungen und Leistungen
	Lösung: Kauf von Handelswaren auf Ziel
6.	Umsatzsteuer-Vorauszahlung an Bank
	Lösung: Überweisung der Umsatzsteuer-Vorauszahlung an die zuständige Finanzkasse
7.	Bank an Zinserträge
	Lösung: Zinsgutschrift auf das betriebliche Bankkonto
8.	Berufsgenossenschaftsbeiträge an Rückstellungen
	Lösung: Bildung einer Rückstellung für zukünftige Verbindlichkeiten im Rahmen der Beiträge zur Berufsgenossenschaft.
9.	Rückstellung an Bank
	Lösung: Auflösung der Rückstellung durch Zahlung des Verbindlichkeitsbetrages.
10.	Absetzung für Abnutzung (AfA) an Pkw
	Lösung: Planmäßige Abschreibung eines betrieblichen Pkw

1.5   Hilfskonten

In diesem Abschnitt werden Aufgaben zum Eröffnungsbilanz- und Schlussbilanzkonto behandelt.

1.5.1   Hilfskonten – allgemein

Aufgabe

Bitte erläutern Sie den Sinn von *Hilfskonten*. Nennen Sie bitte zwei Ihnen bekannte Hilfskonten und erläutern Sie kurz die Merkmale.

Ihr Lösungsvorschlag:

Lösung

Hilfskonten werden benötigt, um Buchungssätze zu vervollständigen, für die man ansonsten keine Konten zur Verfügung hätte. Es gibt 2 Hilfskonten, die in der Buchführung bekannt sind: das *Eröffnungsbilanzkonto (EBK)*, welches zu Beginn eines Jahres zur Eröffnung von Bestandskonten benötigt wird und das *Schlussbilanzkonto (SBK)*, welches am Ende eines Wirtschaftsjahres verwendet wird, um die Bestandskonten abzuschließen. Aus dem Schlussbilanzkonto wird die Schlussbilanz generiert.

▶ Das Eröffnungsbilanzkonto (EBK) ist immer *spiegelverkehrt* zur Eröffnungsbilanz; das Schlussbilanzkonto ist *konform* zur Darstellung der Schlussbilanz am Ende des Wirtschaftsjahres.

1.5.2   Eröffnungsbilanzkonto (EBK)

Aufgabe

Unternehmer U gibt seiner Mitarbeiterin in der Buchhaltung Frau F am 01.02.01 den Auftrag, die vom Steuerberater ermittelten Endbestände in der Bilanz auf den 31.12.00 manuell in die Buchhaltung 01 zu übernehmen. Da sie noch keine Bestandskonten eröffnet hat, zeichnet sich F zunächst die Vorgänge auf T-Konten vor. Folgende Bestandskonten sind zu eröffnen:

Konto	Betrag per 31.12.00/€
Unbebaute Grundstücke	12.000,00
Pkw	10.000,00
Forderungen aus Lieferungen und Leistungen (Ford.aLuL)	2.500,00
Kasse	550,00
Eigenkapital	??
Darlehen	21.000,00
Verbindlichkeiten aus Lieferungen und Leistungen (Verb.aLuL)	2.320,80

Bitte helfen Sie auf Frau F, die entsprechenden Buchungssätze zu bilden und sie auf den nachfolgenden Konten (inkl. EBK) zu erfassen. Am Ende sollen die Bestandskonten sämtlich eröffnet und das EBK vollständig dargestellt sein.

Ihr Lösungsvorschlag:

Nr.	Soll	Haben	Betrag/€	Text
1.				
2.				
3.				
4.				
5.				
6.				
7.				

T-Konten

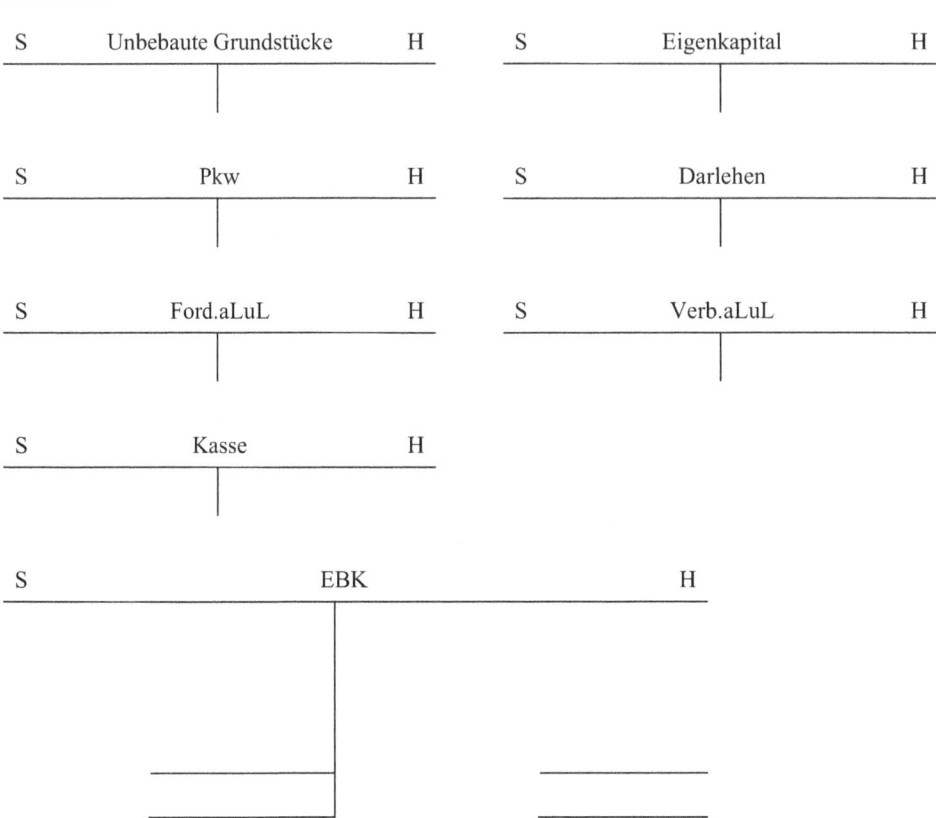

Lösung

Anbei der Lösungsvorschlag zur Eröffnung der vorgenannten Bestandskonten.

Buchungsliste:

Nr.	Soll	Haben	Betrag/€	Text
1.	Unb. Grundstücke	EBK	12.000,00	EB-Wert
2.	Pkw	EBK	10.000,00	EB-Wert
3.	Ford.aLuL	EBK	2.500,00	EB-Wert
4.	Kasse	EBK	550,00	EB-Wert
5.	EBK	Darlehen	21.000,00	EB-Wet
6.	EBK	Verb.aLuL	2.320,80	EB-Wert
7.	EBK	EK	1.729,20	EB-Wert

T-Konten

S	Unbebaute Grundstücke	H		S	Eigenkapital	H
AB	12.000,00 €				AB	1.729,20 €

S	Pkw	H		S	Darlehen	H
AB	10.000,00 €				AB	21.000,00 €

S	Ford.aLuL	H		S	Verb.aLuL	H
AB	2.500,00 €				AB	2.320,80 €

S	Kasse	H
AB	550,00 €	

S	EBK			H
Eigenkapital	1.729,20 €	Unb. Grundstücke	12.000,00 €
Darlehen	21.000,00 €	Pkw	10.000,00 €
Verb.aLuL	2.320,80 €	Ford.aLuL	2.500,00 €
		Kasse	550,00 €
	25.050,00 €		25.050,00 €

1.5.3 Schlussbilanzkonto (SBK)

Aufgabe

Unternehmer U gibt seiner Mitarbeiterin in der Buchhaltung Frau F am 31.12.01 den Auftrag, die in seiner Buchführung vorhandenen Bestandskonten zur Übung über das Schlussbilanzkonto (SBK) manuell abzuschließen. Folgende Bestandskonten liegen vor:

Ihr Lösungsvorschlag:

T-Konten

S	Pkw		H		S	Ford.aLuL		H
AB	30.000,00 €	AfA	5.000,00 €		AB	10.000,00 €	Ausgl.	2.000,00 €

S	Darlehen		H		S	Bank		H
Tilg.	11.000,00 €	AB	35.000,00 €		AB	10.000,00 €	Abg.	1.000,00 €
					Zug.	1.250,00 €		

S	Verb.aLuL		H		S	Eigenkapital		H
Tilg.	3.000,00 €	AB	7.000,00 €		GuV	5.000,00 €	EBK	17.250,00 €

S	EBK	H

Nr.	Soll	Haben	Betrag/€	Text
1.				
2.				
3.				
4.				
5.				
6.				

Lösung

T-Konten

S	Pkw		H
AB	30.000,00 €	AfA	5.000,00 €
		SBK	25.000,00 €
	30.000,00 €		30.000,00 €

S	Ford.aLuL		H
AB	10.000,00 €	Ausgl.	2.000,00 €
		SBK	8.000,00 €
	10.000,00 €		10.000,00 €

S	Darlehen		H
Tilg.	11.000,00 €	AB	35.000,00 €
SBK	24.000,00 €		
	35.000,00 €		35.000,00 €

S	Bank		H
AB	10.000,00 €	Abg.	1.000,00 €
Zug.	1.250,00 €	SBK	10.250,00 €
	11.250,00 €		11.250,00 €

S	Verb.aLuL		H
Tilg.	3.000,00 €	AB	7.000,00 €
SBK	4.000,00 €		
	7.000,00 €		7.000,00 €

S	Eigenkapital		H
GuV	5.000,00 €	EBK	17.250,00 €
SBK	12.250,00 €		
	17.250,00 €		17.250,00 €

S	SBK		H
Pkw	25.000,00 €	Eigenkapital	12.250,00 €
Ford.aLuL	8.000,00 €	Darlehen	24.000,00 €
Bank	10.250,00 €	Verb.aLuL	7.000,00 €
	43.250,00 €		43.250,00 €

Buchungsliste:

Nr.	Soll	Haben	Betrag/€	Text
1.	SBK	Pkw	25.000,00	SB-Wert
2.	SBK	Ford.aLuL	8.000,00	SB-Wert
3.	SBK	Bank	10.250,00	SB-Wert
4.	Eigenkapital	SBK	12.250,00	SB-Wert
5.	Darlehen	SBK	24.000,00	SB-Wert
6.	Verb.aLuL	SBK	7.000,00	EB-Wert

1.6   Sachverhalte in der Buchführung

Dieses Kapitel umfasst mögliche, ausgewählte, Sachverhalte in der Buchführung, die aufgrund Ihrer Komplexität nicht erschöpfend dargestellt werden können.

1.6.1   Anzahlungen

Zunächst wird der auch umsatzsteuerlich relevante Bereich der Anzahlungen behandelt.

1.6.1.1   Geleistete Anzahlungen

Aufgabe

Unternehmer U zahlt im Voraus am 15.03.00 für den Kauf seiner Handelswaren 10.000,00 EUR (zzgl. 19 % Umsatzsteuer) auf der Basis einer umsatzsteuerlich korrekten *Anzahlungsrechnung*. Die Zahlung erfolgt über das betriebliche Girokonto. Am 31.03.00 erhält U vom Lieferanten L die Schlussrechnung – nach erfolgter Lieferung – in Höhe von 15.000,00 EUR (zzgl. 19 % USt). Der Restbetrag wird ebenfalls über das Girokonto gezahlt.

Welche Buchungssätze sind aus Sicht des U zu bilden?

Ihr Lösungsvorschlag:

Nr.	Soll	Haben	Betrag/€	Text
Buchung bei Anzahlung am 15.03.00:				
1.				
Buchung bei Erhalt der Eingangsrechnung am 31.03.00:				
2.				
Buchung der Korrektur:				
3.				
Buchung bei Restzahlung:				
4.				

Lösung

Folgende Buchungssätze sind möglich:

Buchungsliste:

Nr.	Soll	Haben	Betrag/€	Text
Buchung bei Anzahlung am 15.03.00:				
1.	Geleistete Anzahlungen		10.000,00	Vorauszahlung
	Vorsteuer 19 %		1.900,00	Vorsteuer 19 %
		Bank	11.900,00	Überweisung Anzahlung
Buchung bei Erhalt der Eingangsrechnung am 31.03.00:				
2.	Wareneingang		15.000,00	Einkauf Waren
	Vorsteuer 19 %		2.850,00	Vorsteuer 19 %
		Kreditor L	17.850,00	Kreditor L
Buchung der Korrektur:				
3.	Kreditor L		11.900,00	Umbuchung geleistete Anzahlung
		Geleistete Anzahlungen	10.000,00	Umbuchung Anzahlung netto
		Vorsteuer	1.900,00	Umbuchung Vorsteuer 19 %
Buchung bei Restzahlung:				
4.	Kreditor L	Bank	5.950,00	Ausgleich Rechnung

1.6.1.2   Erhaltene Anzahlung

Aufgabe

Unternehmer L erhält vom Kunden U im Voraus am 15.03.00 für den Kauf seiner Handelswaren 10.000,00 EUR (zzgl. 19 % Umsatzsteuer) auf der Basis einer umsatzsteuerlich korrekten *Anzahlungsrechnung*. Die Einnahme erfolgt über das betriebliche Girokonto. Am 31.03.00 schreibt L dem Kunden U die Schlussrechnung – nach erfolgter Lieferung – in Höhe von 15.000,00 EUR (zzgl. 19 % Umsatzsteuer). Der Restbetrag wird ebenfalls auf das Girokonto des L vom Kunden U eingezahlt.

Welche Buchungssätze sind aus Sicht des L zu bilden?

Ihr Lösungsvorschlag:

Nr.	Soll	Haben	Betrag/€	Text
Buchung bei Anzahlung am 15.03.00:				
1.				
Buchung bei Erhalt der Eingangsrechnung am 31.03.00:				
2.				
Buchung der Korrektur:				
3.				
Buchung des Zahlungseingangs durch Kunde U:				
4.				

Lösung

Folgende Buchungssätze sind möglich:

Buchungsliste:

Nr.	Soll	Haben	Betrag/€	Text
Buchung bei Anzahlung am 15.03.00:				
1.	Bank		11.900,00	Anzahlung durch Kunde U
		Erhaltene Anzahlung	10.000,00	Anzahlung netto Kunde U
		Umsatzsteuer 19%	1.900,00	Umsatzsteuer 19 %
Buchung bei Erhalt der Eingangsrechnung am 31.03.00:				
2.	Debitor U		17.850,00	Kundenrechnung U
		Erlöse 19 %	15.000,00	Erlöse Warenverkauf
		Umsatzsteuer 19%	2.850,00	Umsatzsteuer 19 %
Buchung der Korrektur:				
3.	Erhaltene Anzahlung		10.000,00	Umbuchung erhaltene Anzahlung
	Umsatzsteuer 19 %		1.900,00	Umbuchung Umsatzsteuer 19 %
		Debitor U	11.900,00	Umbuchung Anzahlung brutto
Buchung des Zahlungseingangs durch Kunde U:				
4.	Bank	Debitor U	5.950,00	Restzahlung

1.6.2   Bauabzugssteuer

Aufgabe

Unternehmer U lässt sich eine betriebliche Halle vom Bauunternehmer B errichten. Die Rechnung lautet über 238.000,00 EUR (inkl. 19 % Umsatzsteuer). Da Bauunternehmer B keine Freistellungsbescheinigung vorlegen kann, muss U nach § 48 EStG [5] die *Bauabzugssteuer* in Höhe von 15 % an das zuständige Finanzamt abführen.

Welche Buchungssätze sind zu bilden bei Eingang der Rechnung und bei Banküberweisung?

Ihr Lösungsvorschlag:

Nr.	Soll	Haben	Betrag/€	Text
1.				
2.				
3.				

Lösung

Folgende Buchungssätze könnten gebildet werden:

Buchungsliste:

Nr.	Soll	Haben	Betrag/€	Text
1.	Geschäftsbauten		200.000,00	Bau Halle
	VoSt 19 %		38.000,00	Vorsteuer 19 %
		Kreditor B	238.000,00	Eingang Rechnung Unternehmer B
2.	Kreditor B	Bank	202.300,00	Teilausgleich Rechnung
3.	Kreditor B	Verb. FA abzuführende Bauabzugssteuer	35.700,00	Bauabzugsteuer

1.6.3 Bewirtung von Geschäftsfreunden

Aufgabe

Unternehmer U versucht den neuen Kunden U bei einem angemessenen Mittagessen in der Gaststätte „Guten Appetit" für seine Produkte zu gewinnen. U erhält vom Gaststättenbetreiber einen ordnungsgemäß ausgestellten Beleg über 119,00 EUR (brutto, inkl. 19 % Umsatzsteuer), den er sofort bar bezahlt.

Welche Buchungssätze sind erforderlich?

Ihr Lösungsvorschlag:

Nr.	Soll	Haben	Betrag/€	Text

Lösung

Folgende Buchungssätze sind möglich:

Buchungsliste:

Nr.	Soll	Haben	Betrag/€	Text
	Bewirtungskosten		70,00	Bewirtung Kunde K (70 % von 100,00 €)
	Nicht abzugsfähige Bewirtungskosten		30,00	Nicht abzugsfähige Betriebsausgaben (30 % von 100,00 €)
	VoSt 19 %		19,00	Vorsteuer 19 %
		Kasse	119,00	Zahlung Bewirtungskosten

1.6.4   Büromaterial

Aufgabe

Unternehmer U kauft *Büromaterial* beim Lieferanten L. Er erhält eine Rechnung in Höhe von 119,00 EUR (inkl. 19 % Umsatzsteuer), die er kreditorisch erfasst.
Welche Buchungssätze sind zu erstellen?

Ihr Lösungsvorschlag:

Nr.	Soll	Haben	Betrag/€	Text

Lösung

Folgender Buchungssatz könnte gebildet werden:

Buchungsliste:

Nr.	Soll	Haben	Betrag/€	Text
	Bürobedarf		100,00	Kauf von Bürobedarf
	VoSt 19 %		19,00	Vorsteuer 19 %
		Kreditor L	119,00	Eingangsrechnung L

1.6.5 Damnum/Disagio

Aufgabe

Unternehmer U benötigt ein *Darlehen*, um die Zertifizierung seines Unternehmens zu finanzieren. Der Darlehensbetrag in Höhe von 12.000,00 EUR wird um ein Disagio/Damnum in Höhe von 2 % reduziert. Die Laufzeit des Darlehens beträgt 5 Jahre. Die laufenden Zinsen im Jahr 00 sollen 300,00 EUR betragen und sind jeweils am 31.12. fällig. Diese werden pünktlich vom Bankkonto eingezogen. Gebühren wurden bereits korrekt gebucht. Die erste Darlehenstilgung wird erst Ende des 2. Jahres erfolgen.

Welche Buchungssätze sind zu bilden bei Darlehensaufnahme am 15.01.00 und am Ende des 1. Wirtschaftsjahres (31.12.00)? (*Hinweis:* Es ist davon auszugehen, dass für das Disagio ein Aktiver Rechnungsabgrenzungsposten gebildet wird.)

Ihr Lösungsvorschlag:

Nr.	Soll	Haben	Betrag/€	Text
1.				
2.				
3.				

Lösung

Folgende Buchungssätze sind möglich:

Buchungsliste:

Nr.	Soll	Haben	Betrag/€	Text
1.	Bank		11.760,00	Darlehensgutschrift (12.000,00 € × 98 %)
	Disagio		240,00	Disagio (2 % von 12.000,00 €)
		Darlehen	12.000,00	Darlehen
2.	Zinsen für langfristige Verbindlichkeiten	Bank	300,00	Zinsaufwand für das Jahr 00
3.	Abschreibung Disagio	Disagio	48,00	Abschreibung Disagio (240 € × 1/5)

1.6.6 Durchlaufende Posten

Aufgabe

Rechtsanwalt R zahlt für seinen Mandanten M am 03.04.00 den Prozesskostenvorschuss an die zuständige Gerichtskasse. Die Höhe des Betrages, die R per Banküberweisung übermittelt, beträgt 500,00 EUR. Umsatzsteuer fällt nicht an. M erstattet R den Betrag am 05.04.00.

Welche Buchungssätze sind bei Zahlung und bei Einnahme für R zu bilden?

Ihr Lösungsvorschlag:

Nr.	Soll	Haben	Betrag/€	Text
1.				
2.				

Lösung

Es handelt sich bei Zahlung des Prozesskostenvorschusses durch R für M um *einen durchlaufenden Posten*, welcher keine Umsatzsteuer auslöst, da kein Mehrwert geschaffen wurde. Es liegt lediglich eine Weiterreichung des durch M geschuldeten Betrags durch R vor. Das betriebliche Ergebnis des R wird durch diesen Vorgang nicht verändert.

Buchungsliste:

Nr.	Soll	Haben	Betrag/€	Text
1.	Durchlaufende Posten	Bank	500,00	Prozesskostenvorschuss für M
2.	Bank	Durchlaufende Posten	500,00	Erstattung des Vorschusses durch M

1.6.7 Fachliteratur

Aufgabe

Unternehmer U kauft ein *Fachbuch* zum Thema „Schneller Einstieg in die Buchführung". Das Buch kostet ihn 21,40 EUR (inklusive 7 % VoSt).

Welcher Buchungssatz ist notwendig, wenn U die Rechnung sofort bar bezahlt?

Ihr Lösungsvorschlag:

Nr.	Soll	Haben	Betrag/€	Text

Lösung

Folgender Buchungssatz ist möglich:

Buchungsliste:

Nr.	Soll	Haben	Betrag/€	Text
	Aufwand Fachliteratur		20,00	Fachbuch
	VoSt 7 %		1,40	Vorsteuer 7 %
		Kasse	21,40	Barzahlung Fachbuch

1.6.8   Fahrkartenkauf

Aufgabe

Unternehmer U kauft eine *Fahrkarte* für einen Kundenbesuch in Hamburg. Da sich der Unternehmenssitz des U in München befindet, ist die Fahrtstrecke länger als 50 km. Kosten; 80 EUR zzgl. 19 % USt. Gezahlt wird per Banküberweisung.
  Welche Buchungssätze sind zu erfassen?

Ihr Lösungsvorschlag:

Nr.	Soll	Haben	Betrag/€	Text

Lösung

Folgende Buchung könnte erfasst werden:

Buchungsliste:

Nr.	Soll	Haben	Betrag/€	Text
	Reisekosten Unternehmer		80,00	Kauf Fahrkarte
	VoSt 19 %		15,20	Vorsteuer 19 %
		Bank	95,20	Fahrkartenkauf

1.6.9   Gebühren

Aufgabe

Unternehmer U zahlt die angeforderten GEMA-*Gebühren* in Höhe von 73,83 EUR per Banküberweisung. Eine kreditorische Buchung ist nicht erfolgt.
  Welcher Buchungssatz ist zu erfassen?

Ihr Lösungsvorschlag:

Nr.	Soll	Haben	Betrag/€	Text

Lösung

Folgender Buchungssatz ist möglich:

Buchungsliste:

Nr.	Soll	Haben	Betrag/€	Text
	Gebühren	Bank	73,83	GEMA

1.6.10 Geldtransitkonto

Aufgabe

Unternehmer U überweist von seinem betrieblichen Konto auf der Volksbank 500,00 EUR auf das Konto bei der Sparkasse. Es handelt sich in beiden Fällen um betriebliche Konten.

Welcher Buchungssatz ist zu bilden, wenn ein Verrechnungskonto zur Kontrolle eingeschaltet wird?

Ihr Lösungsvorschlag:

Nr.	Soll	Haben	Betrag/€	Text
Buchung der Überweisung (Abgang vom Konto der Volksbank):				
1.				
Buchung bei Zahlungseingang auf dem Konto der Sparkasse:				
2.				

Lösung

Folgender Buchungssatz ist möglich:

Buchungsliste:

Nr.	Soll	Haben	Betrag/€	Text
Buchung der Überweisung (Abgang vom Konto der Volksbank):				
1.	Geldtransit	Volksbank	500,00	Banküberweisung von Volksbank
Buchung bei Zahlungseingang auf dem Konto der Sparkasse:				
2.	Sparkasse	Geldtransit	500,00	Zahlungseingang

1.6.11 Geschenke an Kunden (Geschäftsfreunde)

Aufgabe

Unternehmer U *schenkt* seinem *Kunden* K zu Weihnachten ein Fachbuch, was sich dieser schon lange gewünscht hat. Der Wert des Buches 21,40 EUR (inkl. 7 % Umsatzsteuer). Bezahlt wird der Rechnungsbetrag per Banküberweisung.

Welcher Buchungssatz ist zu bilden?

Ihr Lösungsvorschlag:

Nr.	Soll	Haben	Betrag/€	Text

Lösung

Folgender Buchungssatz ist möglich:

Buchungsliste:

Nr.	Soll	Haben	Betrag/€	Text
	Geschenke abzugsfähig (ohne § 37b EStG)		20,00	Geschenk an Kunde K
	VoSt 7 %		1,40	Vorsteuer 7 %
		Bank	21,40	Zahlung

1.6.12 Grundsteuer für ein betriebliches Grundstück

Aufgabe

Unternehmer U zahlt für ein betriebliches Grundstück 200,00 EUR *Grundsteuer* per Banküberweisung.

Welcher Buchungssatz ist zu bilden?

Ihr Lösungsvorschlag:

Nr.	Soll	Haben	Betrag/€	Text

Lösung

Folgender Buchungssatz ist möglich:

Buchungsliste:

Nr.	Soll	Haben	Betrag/€	Text
	Grundsteuer	Bank	200,00	Überweisung Grundsteuer

1.6.13 Grundsteuer für ein privates Grundstück

Aufgabe

Unternehmer U (Einzelunternehmer) zahlt für sein privates Grundstück, auf dem er ein Zweifamilienhaus errichtet hat, *Grundsteuer* in Höhe von 300,00 EUR. Er zahlt den Betrag über das betriebliche Bankkonto.

Welcher Buchungssatz ist erforderlich?

Ihr Lösungsvorschlag:

Nr.	Soll	Haben	Betrag/€	Text

Lösung

Buchungsliste:

Nr.	Soll	Haben	Betrag/€	Text
	Privatsteuern	Bank	300,00	Grundsteuer privates Grundstück

1.6.14 Internetkosten

Aufgabe

Unternehmer U sieht, dass der *Internetanbieter* von seinem betrieblichen Konto 59,50 EUR für die Nutzung des schnellen Internets eingezogen hat. Er widerspricht dieser Abbuchung nicht.

Welcher Buchungssatz ist erforderlich, wenn ein umsatzsteuerlich ordnungsgemäßer Vertrag vorliegt?

Ihr Lösungsvorschlag:

Nr.	Soll	Haben	Betrag/€	Text

Lösung

Buchungsliste:

Nr.	Soll	Haben	Betrag/€	Text
	Internetgebühr		50,00	Internetgebühr
	VoSt 19 %		9,50	Vorsteuer 19 %
		Bank	59,50	Bankeinzug Internetgebühr

1.6.15 Jahresabschlusskosten

Aufgabe

Unternehmer U zahlt die *Jahresabschlusskosten* für das Jahr 00 an seinen Steuerberater S am 21. März 01. Eine Rückstellung hierfür hat er im vergangenen Jahr nicht gebildet. Der Rechnungsbetrag, der sofort von U überwiesen wird, lautet über 1.190,00 EUR inkl. 19 % USt.

Welcher Buchungssatz ist zu erstellen?

Ihr Lösungsvorschlag:

Nr.	Soll	Haben	Betrag/€	Text

Lösung

Folgender Buchungssatz könnte gebildet werden für den Fall, dass keine Rückstellung gebildet wurde.

Buchungsliste:

Nr.	Soll	Haben	Betrag/€	Text
	Periodenfremder Aufwand		1.000,00	Jahresabschlusskosten 00
	VoSt 19 %		190,00	Vorsteuer 19 %
		Bank	1.190,00	Ausgleich Rechnung

1.6.16 Kaution

Aufgabe

Unternehmer U zahlt für ein gemietetes betriebliches Büro eine *Kaution* in Höhe von 1.500,00 EUR.

Welcher Buchungssatz ist zu bilden, wenn die Kaution per Banküberweisung gezahlt wird?

Ihr Lösungsvorschlag:

Nr.	Soll	Haben	Betrag/€	Text

Lösung

Buchungsliste:

Nr.	Soll	Haben	Betrag/€	Text
	Geleistete Kaution	Bank	1.500,00	Kaution geleistet

1.6.17 Kfz-Steuer

Aufgabe

Unternehmer U zahlt die jährlich anfallende *Kfz-Steuer* für seinen betrieblichen Pkw in Höhe von 238,00 EUR per Banküberweisung. Eine aktive Rechnungsabgrenzung wird nicht durchgeführt.

Wie lautet der korrekte Buchungssatz?

Ihr Lösungsvorschlag:

Nr.	Soll	Haben	Betrag/€	Text

Lösung

Folgender Buchungssatz ist möglich:

Buchungsliste:

Nr.	Soll	Haben	Betrag/€	Text
	Kfz-Steuer	Bank	238,00	Kfz-Steuer

1.6.18 Kfz-Versicherung

Aufgabe

Unternehmer U überweist die betriebliche Kfz-Versicherung in Höhe von 1.900,00 EUR per Banküberweisung.

Welcher Buchungssatz ist erforderlich?

Ihr Lösungsvorschlag:

Nr.	Soll	Haben	Betrag/€	Text

Lösung

Buchungsliste:

Nr.	Soll	Haben	Betrag/€	Text
	Kfz-Versicherung	Bank	1.900,00	Kfz-Versicherung

1.6.19 Kreditkartenzahlungen bei Verkauf

Aufgabe

Der Kunde K kauft bei Unternehmer U Waren im Wert von 100,00 EUR netto (zzgl. 19 % USt). K zahlt mit *Kreditkarte*, die U akzeptiert. Welche Buchungssätze sind zu bilden wenn die Bearbeitungsgebühr 3,50 EUR zzgl. 19 % USt beträgt und die Kreditkarte zunächst im Kassenbericht berücksichtigt wird?

Hinweis: Der Einsatz von Verrechnungskonten zur Differenzierung unterschiedlicher Kreditkartenanbieter ist empfehlenswert.

Es sind bitte die Buchungen von der Zahlung mit Kreditkarte bis zur Gutschrift auf dem Bankkonto des U darzustellen.

Ihr Lösungsvorschlag:

Nr.	Soll	Haben	Betrag/€	Text
Buchungen bei Zahlung des Kunden mit Kreditkarte:				
1.				
Da kein Geld geflossen ist, sondern eine „unbare" Zahlung durch K erfolgt ist, muss der Kassenbestand korrigiert werden.				
2.				
Bei Gutschrift auf dem Bankkonto des U sind folgende Buchungen zu bilden (unter Berücksichtigung der entstehenden Nebenkosten).				
3.				
4.				

Lösung

Für die buchhalterische Darstellung der Kreditkartenzahlung sind folgende Buchungssätze möglich:

Buchungsliste:

Nr.	Soll	Haben	Betrag/€	Text
Buchungen bei Zahlung des Kunden mit Kreditkarte:				
1.	Kasse		119,00	Verkauf Waren (brutto)
		Erlöse Kreditkarte	100,00	Erlöse (netto)
		USt 19 %	19,00	USt 19 %
Da kein Geld geflossen ist, sondern eine „unbare" Zahlung durch K erfolgt ist, muss der Kassenbestand korrigiert werden.				
2.	Verrechnungskonto Kreditkarte	Kasse	119,00	Korrektur Kassenbericht
Bei Gutschrift auf dem Bankkonto des U sind folgende Buchungen zu bilden (unter Berücksichtigung der entstehenden Nebenkosten).				
3.	Bank	Verrechnungskonto Kreditkarte	119,00	Gutschrift
4.	Kreditkartengebühr		3,50	Kreditkartengebühr
	VoSt 19 %		0,67	Vorsteuer 19 %
		Bank	4,17	Ausgleich Kreditkartengebühr

1.6.20　Laufende Buchführungskosten

Aufgabe

Unternehmer U lässt seine *Buchhaltung* vom Steuerberater S in M erstellen. Die monatliche Pauschale hierfür, die er sofort per Banküberweisung zahlt (ohne kreditorisch zu buchen), lautet auf 300,00 EUR zzgl. 19 % USt.
　　Welche Buchungssätze sind zu bilden?

Ihr Lösungsvorschlag:

Nr.	Soll	Haben	Betrag/€	Text

Lösung

Folgender Buchungssatz kann gebildet werden:

Buchungsliste:

Nr.	Soll	Haben	Betrag/€	Text
	Buchführungs-kosten		300,00	Pauschale Fibu
	VoSt 19 %		57,00	Vorsteuer 19 %
		Bank	357,00	Ausgleich Rechnung

1.6.21 Laufende Kfz-Betriebskosten

Aufgabe

Unternehmer U erhält von der *Tankstelle* T einen ordnungsgemäßen Beleg in Höhe von 59,50 EUR, nachdem er seinen betrieblichen Pkw mit Diesel vollgetankt hat. Er zahlt bar.

Welche Buchungssätze sind zu bilden?

Ihr Lösungsvorschlag:

Nr.	Soll	Haben	Betrag/€	Text

Lösung

Folgender Buchungssatz ist zu bilden:

Buchungsliste:

Nr.	Soll	Haben	Betrag/€	Text
	Laufende Kfz-Betriebskosten		50,00	Diesel
	VoSt 19 %		9,50	Vorsteuer 19 %
		Kasse	59,50	Barzahlung Tankrechnung

1.6.22 Mietfahrzeug

Aufgabe

Unternehmer U benötigt ein *Mietauto*, da sein Pkw zur Inspektion in die Werkstatt muss. Die Kosten für das Mietfahrzeug belaufen sich auf 100,00 EUR zzgl. 19 % USt. U zahlt bar.

Welcher Buchungssatz ist zu bilden bei Vorliegen einer ordnungsgemäßen Rechnung?

Ihr Lösungsvorschlag:

Nr.	Soll	Haben	Betrag/€	Text

Lösung

Folgender Buchungssatz ist möglich:

Buchungsliste:

Nr.	Soll	Haben	Betrag/€	Text
	Fremdfahrzeuge		100,00	Fremdfahrzeug
	VoSt 19 %		19,00	Vorsteuer 19 %
		Kasse	119,00	Barzahlung Fremdfahrzeug

1.6.23 Nebenkosten des Geldverkehrs

Aufgabe

Unternehmer U muss für die Führung seines betrieblichen Girokontos Nebenkosten in Höhe von 10,00 EUR zahlen. Die Bank zieht den Betrag bei Fälligkeit ein.
Wie lautet der erforderliche Buchungssatz?

Ihr Lösungsvorschlag:

Nr.	Soll	Haben	Betrag/€	Text

Lösung

Folgender Buchungssatz ist möglich:

Buchungsliste:

Nr.	Soll	Haben	Betrag/€	Text
	Nebenkosten des Geldverkehrs	Bank	10,00	Nebenkosten des Geldverkehrs

1.6.24 Personalkosten

Im Rahmen der Personalkosten werden die Netto- und Bruttolohnmethode mit und ohne Sachbezug betrachtet.

1.6.24.1 Nettolohnmethode (ohne Sachbezug)

Aufgabe

Unternehmer U bittet die Buchhalterin das Gehalt seiner Sekretärin S für den Monat 05/01 zu berechnen. Er gibt ihr hierzu folgende Daten:

Familienstand:	Ledig
Alter:	35 Jahre
Anzahl Kinder:	Keine
Steuerklasse:	I
Bruttogehalt:	2.000,00 €
Beitragssatz Krankenkasse:	gesetzlich
Konfession:	römisch-katholisch
Bundesland:	Baden-Württemberg

U bittet B, die erforderlichen Buchungssätze (im Rahmen der *Nettolohnmethode*) zu bilden unter Berücksichtigung der nachfolgenden Hinweise:

1. Die Auszahlung des Nettogehaltes an die Sekretärin erfolgt am 31.05.01 per Banküberweisung (1.368,11 EUR).
2. Die Zahlung der Lohnsteuer für 05/01 erfolgt am 10.06.01, ebenfalls per Banküberweisung (216,39 EUR).
3. Die Zahlung der Sozialversicherungsbeiträge (Arbeitnehmer- und Arbeitgeber-Anteil) an den Sozialversicherungsträger erfolgt am 27.05.01. Die Sekretärin ist pflichtversichert. (AN-Anteil: 415,50 EUR; AG-Anteil: 392,06 EUR)
4. Die Umlagen werden hier nicht weiter betrachtet.
5. Wie sieht die Lohnabrechnung für den Arbeitnehmer aus? Bitte stellen Sie diese schematisch dar.

Ihr Lösungsvorschlag:

Nr.	Soll	Haben	Betrag/€	Text
Buchung bei Zahlung des Nettogehaltes an die Sekretärin (31.05.01):				
1.				
Buchung bei Zahlung der Lohnsteuer, Kirchensteuer am 10.06.01:				
2.				
Buchung bei Zahlung der Sozialversicherungsbeiträge am 27.05.01:				
3.				
4.				

Lohnabrechnung:

	Betrag/€	Betrag/€
Bruttogehalt:		
./. Steuerliche Abgaben		
– Solidaritätszuschlag		
– ??		
– Lohnsteuer		
./. Sozialabgaben (AN-Anteil)		
– Rentenversicherung		
– ??		
– Pflegeversicherung		
– Krankenversicherung		
= Nettolohn 05/01		

Lösung

Folgende Buchungssätze können gebildet werden:

Buchungsliste:

Nr.	Soll	Haben	Betrag/€	Text
Buchung bei Zahlung des Nettogehaltes an die Sekretärin (31.05.01):				
1.	Gehälter	Bank	1.368,11	Nettolohn 05/01 Sekretärin S
Buchung bei Zahlung der Lohnsteuer, Kirchensteuer am 10.06.01:				
2.	Gehälter	Bank	216,39	LSt/KiSt 05/01
Buchung bei Zahlung der Sozialversicherungsbeiträge am 27.05.01:				
3.	Gehälter	Bank	415,50	AN-Anteil 05/01 Sozialversicherung
4.	Gesetzliche soziale Aufwendungen	Bank	392,06	AG-Anteil 05/01 Sozialversicherung

▶ Nachteilig ist die Nettolohnmethode, da sie eine Kontrolle der angemeldeten und überwiesenen bzw. durch die Empfänger eingezogenen Beträge erschwert. Es werden nur die Zahlungen erfasst, nicht die im Vorfeld errechneten Verbindlichkeiten.

Lohnabrechnung:

	Betrag/€	Betrag/€
Bruttogehalt:		2.000,00
./. Steuerliche Abgaben		
– Solidaritätszuschlag	10,48	
– Kirchensteuer	15,25	
– Lohnsteuer	<u>190,66</u>	./. 216,39
./. Sozialabgaben (AN-Anteil)		
– Rentenversicherung	187,00	
– Arbeitslosenversicherung	30,00	
– Pflegeversicherung	30,50	
– Krankenversicherung	<u>168,00</u>	<u>./. 415,50</u>
= Nettolohn 05/01		**1.368,11**

1.6.24.2 Nettolohnmethode (mit Sachbezug)

Aufgabe

Unternehmer U bittet die Buchhalterin das Gehalt seiner Sekretärin S für den Monat 05/01 zu berechnen. Er gibt ihr hierzu folgende Daten:

Familienstand:	Ledig
Alter:	35 Jahre
Anzahl Kinder:	Keine
Steuerklasse:	I
Bruttogehalt:	2.000,00 €
Sachbezugswert:	100,00 €
Beitragssatz Krankenkasse:	gesetzlich
Konfession:	römisch-katholisch
Bundesland:	Baden-Württemberg

U bittet B, die erforderlichen Buchungssätze (im Rahmen der Nettolohnmethode) zu bilden unter Berücksichtigung der nachfolgenden Hinweise:

1. Die Auszahlung des Nettogehaltes an die Sekretärin erfolgt am 31.05.01 per Banküberweisung (1.321,98 €).
2. Die Zahlung der Lohnsteuer für 05/01 erfolgt am 10.06.01, ebenfalls per Banküberweisung (241,75 EUR).
3. Die Zahlung der Sozialversicherungsbeiträge (Arbeitnehmer- und Arbeitgeber-Anteil) an den Sozialversicherungsträger erfolgt am 27.05.01. Die Sekretärin ist pflichtversichert. (AN-Anteil: 436,27 EUR; AG-Anteil: 411,66 EUR)

4. Die Umlagen werden hier nicht weiter betrachtet.
5. Wie sieht die Lohnabrechnung für den Arbeitnehmer aus? Bitte stellen Sie diese schematisch dar.

Ihr Lösungsvorschlag:

Nr.	Soll	Haben	Betrag/€	Text
Buchung bei Zahlung des Nettogehaltes an die Sekretärin (31.05.01):				
1.				
Buchung bei Zahlung der Lohnsteuer, Kirchensteuer am 10.06.01:				
2.				
Buchung bei Zahlung der Sozialversicherungsbeiträge am 27.05.01:				
3.				
4.				
Buchung des Sachbezugs:				
5.				

Lohnabrechnung:

	Betrag/€	Betrag/€
Bruttogehalt:		
Sachbezug:		
Gehalt gesamt:		
./. Steuerliche Abgaben		
– ??		
– Kirchensteuer		
– Lohnsteuer		
./. Sozialabgaben (AN-Anteil)		
– Rentenversicherung		
– Arbeitslosenversicherung		
– ??		
– Krankenversicherung		
= vorläufiger Nettowert		
./. ??		
= Nettolohn 05/01		

Lösung

Folgende Buchungssätze sind möglich:

Buchungsliste:

Nr.	Soll	Haben	Betrag/€	Text
Buchung bei Zahlung des Nettogehaltes an die Sekretärin (31.05.01):				
1.	Gehälter	Bank	1.321,98	Nettolohn 05/01 Sekretärin S
Buchung bei Zahlung der Lohnsteuer, Kirchensteuer am 10.06.01:				
2.	Gehälter	Bank	241,75	LSt/KiSt 05/01
Buchung bei Zahlung der Sozialversicherungsbeiträge am 27.05.01:				
3.	Gehälter	Bank	436,27	AN-Anteil 05/01 Sozialversicherung
4.	Gesetzliche soziale Aufwendungen	Bank	411,66	AG-Anteil 05/01 Sozialversicherung
Buchung des Sachbezugs:				
5.	Sachbezug (Aufwandskonto)	Verrechnung Sachbezüge (Ertragskonto)	100,00	Sachbezug 05/01

▶ Nachteilig ist die Nettolohnmethode, da sie eine Kontrolle der angemeldeten und überwiesenen bzw. durch die Empfänger eingezogenen Beträge erschwert. Es werden nur die Zahlungen erfasst, nicht die im Vorfeld errechneten Verbindlichkeiten.

Lohnabrechnung:

	Betrag/€	Betrag/€
Bruttogehalt:		2.000,00
Sachbezug:		100,00
Gehalt gesamt:		2.100,00
./. Steuerliche Abgaben		
− Solidaritätszuschlag	11,71	
− Kirchensteuer	17,04	
− Lohnsteuer	<u>213,00</u>	./. 241,75
./. Sozialabgaben (AN-Anteil)		
− Rentenversicherung	196,34	
− Arbeitslosenversicherung	31,50	
− Pflegeversicherung	32,03	
− Krankenversicherung	<u>176,40</u>	<u>./. 436,27</u>
= vorläufiger Nettowert		1.421,98
./. Sachbezug		./. 100,00
= Nettolohn 05/01		**1.321,98**

1.6.24.3 Bruttolohnmethode (ohne Sachbezug)

Aufgabe

Unternehmer U bittet die Buchhalterin das Gehalt seiner Sekretärin S für den Monat 05/01 zu berechnen. Er gibt ihr hierzu folgende Daten:

Familienstand:	Ledig
Alter:	35 Jahre
Anzahl Kinder:	Keine
Steuerklasse:	I
Bruttogehalt:	2.000,00 €
Beitragssatz Krankenkasse:	gesetzlich
Konfession:	römisch-katholisch
Bundesland:	Baden-Württemberg

U bittet B, die erforderlichen Buchungssätze (im Rahmen der *Bruttolohnmethode* und mit Verrechnungskonto) zu bilden unter Berücksichtigung der nachfolgenden Hinweise:

1. Die Auszahlung des Nettogehaltes an die Sekretärin erfolgt am 31.05.01 per Banküberweisung (1.368,11 EUR).

2. Die Zahlung der Lohnsteuer/Kirchensteuer/Solidaritätszuschlag für 05/01 erfolgt am 10.06.01, ebenfalls per Banküberweisung (216,39 EUR).

3. Die Zahlung der Sozialversicherungsbeiträge (Arbeitnehmer- und Arbeitgeber-Anteil) an den Sozialversicherungsträger erfolgt am 27.05.01. Die Sekretärin ist pflichtversichert. (AN-Anteil: 415,50 EUR; AG-Anteil: 392,06 EUR)

4. Die Umlagen werden hier nicht weiter betrachtet.

5. Wie sieht die Lohnabrechnung für den Arbeitnehmer aus? Bitte stellen Sie diese schematisch dar.

Ihr Lösungsvorschlag:

Nr.	Soll	Haben	Betrag/€	Text
Buchung der Lohnaufwendungen auf das „Verrechnungskonto Lohn und Gehalt":				
1.				
2.				
3.				
4.				
Umbuchung Verbindlichkeit der Lohnsteuer, Kirchensteuer, Solidaritätszuschlag:				
5.				
Umbuchung Verbindlichkeit im Rahmen der sozialen Sicherheit:				
6.				
Umbuchung Verbindlichkeit Nettogehalt:				
7.				
Zahlung der Sozialversicherungsbeiträge am 27.05.01:				
8.				
Zahlung der Lohn-, Kirchensteuer und des Solidaritätszuschlags am 10.06.01:				
9.				
Zahlung des Nettogehaltes am 31.05.01:				
10.				

Lohnabrechnung:

	Betrag/€	Betrag/€
Bruttogehalt:		
./. Steuerliche Abgaben		
– Solidaritätszuschlag		
– ??		
– Lohnsteuer		
./. Sozialabgaben (AN-Anteil)		
– Rentenversicherung		
– ??		
– Pflegeversicherung		
– Krankenversicherung		
= Nettolohn 05/01		

Lösung

Folgende Buchungssätze sind möglich:

Buchungsliste:

Nr.	Soll	Haben	Betrag/€	Text
Buchung der Lohnaufwendungen auf das „Verrechnungskonto Lohn und Gehalt":				
1.	Gehälter	Verrechnungskonto Lohn und Gehalt	415,50	AN-Anteil Sozialversicherung 05/01
2.	Gesetzliche soziale Aufwendungen	Verrechnungskonto Lohn und Gehalt	392,06	AG-Anteil Sozialversicherung 05/01
3.	Gehälter	Verrechnungskonto Lohn und Gehalt	216,39	LSt, KiSt, SolZ für 05/01
4.	Gehälter	Verrechnungskonto Lohn und Gehalt	1.368,11	Nettogehalt 05/01
Umbuchung Verbindlichkeit der Lohnsteuer, Kirchensteuer, Solidaritätszuschlag:				
5.	Verrechnungskonto Lohn und Gehalt	Verbindlichkeit Lohn- und Kirchensteuer	216,39	Umbuchung Verbindlichkeit LSt, KiSt, SolZ 05/01
Umbuchung Verbindlichkeit im Rahmen der sozialen Sicherheit:				
6.	Verrechnungskonto Lohn und Gehalt	Verbindlichkeit im Rahmen der sozialen Sicherheit	807,56	AN- + AG-Anteil Sozialversicherung (415,50 € + 392,06 €) für 05/01

Nr.	Soll	Haben	Betrag/€	Text
Umbuchung Verbindlichkeit Nettogehalt:				
7.	Verrechnungskonto Lohn und Gehalt	Verbindlichkeit aus Lohn und Gehalt	1.368,11	Umbuchung Nettogehalt 05/01
Zahlung der Sozialversicherungsbeiträge am 27.05.01:				
8.	Verbindlichkeit im Rahmen der sozialen Sicherheit	Bank	807,56	Zahlung des AN-+AG-Anteils Sozialversicherung (415,50 € + 392,06 €) für 05/01
Zahlung der Lohn-, Kirchensteuer und des Solidaritätszuschlags am 10.06.01:				
9.	Verbindlichkeit Lohn- und Kirchensteuer	Bank	216,39	Zahlung der Verbindlichkeit LSt, KiSt, SolZ 05/01
Zahlung des Nettogehaltes am 31.05.01:				
10.	Verbindlichkeit aus Lohn und Gehalt	Bank	1.368,11	Zahlung Nettogehalt 05/01

▶ Die Bruttolohnmethode ist eine Vorgehensweise, die jederzeitige Kontrolle und eine Abstimmung von Verbindlichkeit und Zahlung durch die Personalbuchhalter ermöglicht. In der Praxis absolut empfehlenswert!

Lohnabrechnung:

	Betrag/€	Betrag/€
Bruttogehalt:		2.000,00
./. Steuerliche Abgaben		
– Solidaritätszuschlag	10,48	
– Kirchensteuer	15,25	
– Lohnsteuer	<u>190,66</u>	./. 216,39
./. Sozialabgaben (AN-Anteil)		
– Rentenversicherung	187,00	
– Arbeitslosenversicherung	30,00	
– Pflegeversicherung	30,50	
– Krankenversicherung	<u>168,00</u>	<u>./. 415,50</u>
= Nettolohn 05/01		**1.368,11**

1.6.24.4 Bruttolohnmethode (mit Sachbezug)

Aufgabe

Unternehmer U bittet die Buchhalterin das Gehalt seiner Sekretärin S für den Monat 05/01 zu berechnen. Er gibt ihr hierzu folgende Daten:

Familienstand:	Ledig
Alter:	35 Jahre
Anzahl Kinder:	Keine
Steuerklasse:	I
Bruttogehalt:	2.000,00 €
Sachbezugswert (ohne Umsatzsteuer):	100,00 €
Beitragssatz Krankenkasse:	gesetzlich
Konfession:	römisch-katholisch
Bundesland:	Baden-Württemberg

U bittet B, die erforderlichen Buchungssätze (im Rahmen der *Bruttolohnmethode*) zu bilden unter Berücksichtigung der nachfolgenden Hinweise:

1. Die Auszahlung des Nettogehaltes an die Sekretärin erfolgt am 31.05.01 per Banküberweisung (1.321,98 €).
2. Die Zahlung der Lohnsteuer für 05/01 erfolgt am 10.06.01, ebenfalls per Banküberweisung (241,75 EUR).
3. Die Zahlung der Sozialversicherungsbeiträge (Arbeitnehmer- und Arbeitgeber-Anteil) an den Sozialversicherungsträger erfolgt am 27.05.01. Die Sekretärin ist pflichtversichert. (AN-Anteil: 436,27 EUR; AG-Anteil: 411,66 EUR)
4. Die Umlagen werden hier nicht weiter betrachtet.
5. Wie sieht die Lohnabrechnung für den Arbeitnehmer aus? Bitte stellen Sie diese schematisch dar.

Ihr Lösungsvorschlag:

Nr.	Soll	Haben	Betrag/€	Text
Buchung der Lohnaufwendungen auf das „Verrechnungskonto Lohn und Gehalt":				
1.				
2.				
3.				
4.				
5.				
Umbuchung Sachbezug auf Ertragskonto:				
6.				
Umbuchung Verbindlichkeit der Lohnsteuer, Kirchensteuer, Solidaritätszuschlag:				
7.				
Umbuchung Verbindlichkeit im Rahmen der sozialen Sicherheit:				
8.				
Umbuchung Verbindlichkeit Nettogehalt:				
9.				
Zahlung der Sozialversicherungsbeiträge am 27.05.01:				
10.				
Zahlung der Lohn-, Kirchensteuer und des Solidaritätszuschlags am 10.06.01:				
11.				
Zahlung des Nettogehaltes am 31.05.01:				
12.				

Lohnabrechnung:

	Betrag/€	Betrag/€
Bruttogehalt:		
Sachbezug:		
Gehalt gesamt:		
./. Steuerliche Abgaben		
– Solidaritätszuschlag		
– ??		
– Lohnsteuer		
./. Sozialabgaben (AN-Anteil)		
– Rentenversicherung		
– Arbeitslosenversicherung		
– ??		
– Krankenversicherung		
= vorläufiger Nettowert		
./. Sachbezug		
= Nettolohn 05/01		

Lösung

Folgende Buchungssätze sind möglich:

Buchungsliste:

Nr.	Soll	Haben	Betrag/€	Text
Buchung der Lohnaufwendungen auf das „Verrechnungskonto Lohn und Gehalt":				
1.	Gehälter	Verrechnungskonto Lohn und Gehalt	436,27	AN-Anteil Sozialversicherung 05/01
2.	Gesetzliche soziale Aufwendungen	Verrechnungskonto Lohn und Gehalt	411,66	AG-Anteil Sozialversicherung 05/01
3.	Gehälter	Verrechnungskonto Lohn und Gehalt	241,75	LSt, KiSt, SolZ für 05/01
4.	Sachbezug (Aufwandskonto)	Verrechnungskonto Lohn und Gehalt	100,00	Sachbezug 05/01
5.	Gehälter	Verrechnungskonto Lohn und Gehalt	1.321,98	Nettogehalt 05/01
Umbuchung Sachbezug auf Ertragskonto:				
6.	Verrechnungskonto Lohn und Gehalt	Verrechnung Sach-bezüge (Ertragskonto)	100,00	Umbuchung Sachbezug 05/01

Nr.	Soll	Haben	Betrag/€	Text
Umbuchung Verbindlichkeit der Lohnsteuer, Kirchensteuer, Solidaritätszuschlag:				
7.	Verrechnungskonto Lohn und Gehalt	Verbindlichkeit Lohn- und Kirchensteuer	241,75	Umbuchung Verbindlichkeit LSt, KiSt, SolZ 05/01
Umbuchung Verbindlichkeit im Rahmen der sozialen Sicherheit:				
8.	Verrechnungskonto Lohn und Gehalt	Verbindlichkeit im Rahmen der sozialen Sicherheit	847,93	AN-+AG-Anteil Sozialversicherung (436,27 € + 411,66 €) für 05/01
Umbuchung Verbindlichkeit Nettogehalt:				
9.	Verrechnungskonto Lohn und Gehalt	Verbindlichkeit aus Lohn und Gehalt	1.321,98	Umbuchung Nettogehalt 05/01
Zahlung der Sozialversicherungsbeiträge am 27.05.01:				
10.	Verbindlichkeit im Rahmen der sozialen Sicherheit	Bank	847,93	Zahlung des AN-+AG-Anteils Sozialversicherung (436,27 € + 411,66 €) für 05/01
Zahlung der Lohn-, Kirchensteuer und des Solidaritätszuschlags am 10.06.01:				
11.	Verbindlichkeit Lohn- und Kirchensteuer	Bank	241,75	Zahlung der Verbindlichkeit LSt, KiSt, SolZ 05/01
Zahlung des Nettogehaltes am 31.05.01:				
12.	Verbindlichkeit aus Lohn und Gehalt	Bank	1.321,98	Zahlung Nettogehalt 05/01

Lohnabrechnung:

	Betrag/€	Betrag/€
Bruttogehalt:		2.000,00
Sachbezug:		100,00
Gehalt gesamt:		2.100,00
./. Steuerliche Abgaben		
– Solidaritätszuschlag	11,71	
– Kirchensteuer	17,04	
– Lohnsteuer	213,00	./. 241,75
./. Sozialabgaben (AN-Anteil)		
– Rentenversicherung	196,34	
– Arbeitslosenversicherung	31,50	
– Pflegeversicherung	32,03	
– Krankenversicherung	176,40	./. 436,27
= vorläufiger Nettowert		1.421,98
./. Sachbezug		./. 100,00
= Nettolohn 05/01		**1.321,98**

1.6.24.5 Reisekosten Personal

Aufgabe

Unternehmer U schickt seine Sekretärin zu einem Seminar nach Bad Neuenahr-Ahrweiler. Nach ihrer Rückkehr legt sie Ihrem Vorgesetzten folgende Daten vor:

Abwesenheit:	12.05.02: Abfahrt 09:00 Uhr
	14.05.02: Rückkehr 16:30 Uhr
Übernachtungskosten:	90,00 € zzgl. 7 % USt (6,30 €)
Frühstück:	12,00 € zzgl. 19 % USt (2,28 €)
Fahrtkosten:	sind keine angefallen; Sekretärin lebt in Bad Neuenahr-Ahrweiler

Unternehmer U bittet Sie um Ihre Mithilfe und möchte wissen, wie hoch die *Reisekosten* und die abziehbaren Vorsteuerbeträge sind. Wie lauten die erforderlichen Buchungssätze?

Ihr Lösungsvorschlag:

Nebenrechnung:

Nr.	Soll	Haben	Betrag/€	Text

Lösung

Verpflegungspauschale: Für die Abwesenheit zwischen 12 und 24 Stunden wird eine Verpflegungspauschale von 12,00 EUR pro Tag gewährt. Für die beiden Tage wären 24,00 EUR abzüglich des Frühstücks (20 % von 24,00 EUR = 4,80 EUR) zu berücksichtigen. Der zu berücksichtigende Betrag beläuft sich auf 19,60 EUR.

Übernachtungskosten: Die Übernachtungskosten können ebenfalls, da eine ordnungsgemäße Rechnung vorliegt, vom Arbeitgeber übernommen werden.

Buchungsliste:

Nr.	Soll	Haben	Betrag/€	Text
	Reisekosten Arbeitnehmer (Verpflegungsmehraufwand)		12,00	Frühstück
	Reisekosten Arbeitnehmer (Übernachtungskosten)		90,00	Übernachtung
	Reisekosten Arbeitnehmer (Verpflegungsmehraufwandspauschale)		19,60	Gekürzte Verpflegungspauschale
	VoSt 19 %		2,28	19 % von 12,00 € (Frühstückskosten)
	VoSt 7 %		6,30	7 % von 90,00 € (Übernachtungskosten)
		Bank	130,18	Überweisung Reisekosten

1.6.25 Privatentnahme

In diesem Abschnitt werden Themen zur Privatentnahme (z. B. private Pkw-Nutzung durch Einzelunternehmer) behandelt.

1.6.25.1 Unentgeltliche Wertabgabe bei privater Pkw-Nutzung durch den Unternehmer (1-%-Methode)

Aufgabe

Unternehmer S fährt einen schönen betrieblichen *Pkw*. Tiefer gelegt, 350 PS, XENON-Scheinwerfer sowie weitere schicke Annehmlichkeiten, die ein solches Automobil für einen erfolgreichen Unternehmer haben sollte. Dieses schöne Auto hat einen Bruttolistenpreis von 60.317,00 EUR. Die Aufgabe des S besteht nun darin, den

monatlichen *Privatanteil* nachvollziehbar (anhand der vorliegenden Tabelle) zu ermitteln. Bitte helfen Sie ihm hierbei. Angewendet werden soll die *1-%-Regelung.* Der
Pkw wird zu mehr als 50 % betrieblich genutzt (*Hinweis:* Voraussetzung für die An-
wendung der 1-%-Methode).

Bitte stellen Sie im Anschluss auch die Buchungssätze auf den entsprechenden
T-Konten und in der *Buchungsliste:* dar.

Ihr Lösungsvorschlag:

a) Berechnung Privatanteil

Berechnung des Privatanteils (betrieblicher Pkw, 1-%-Methode)	
Bruttolistenpreis ursprünglich	
Abrundung auf ??	
1 % vom Bruttolistenpreis ergibt	
./. Abschlag 20 % für nicht vorsteuerbehaftete Aufwendungen (z. B. Steuern, Versicherungen)	
Bemessungsgrundlage für Umsatzsteuer	
× 19 %	
Privatanteil pro Monat (???)	

b) T-Konten

S	Unentgeltliche Wertabgabe	H		S	Verwendung Kfz priv. 19 %	H

S	Umsatzsteuer 19 %	H		S	Verwendung Kfz priv. 0 %	H

c) Buchungsliste:

Nr.	Soll	Haben	Betrag/€	Text

Lösung

Folgende Lösung ist möglich:

a) Berechnung Privatanteil

Berechnung des Privatanteils (betrieblicher Pkw, 1-%-Methode)	
Bruttolistenpreis ursprünglich	60.317,00 €
Abrundung auf volle 100 € ergibt:	60.000,00 €
1 % vom Bruttolistenpreis ergibt	600,00 €
./. Abschlag 20 % für nicht vorsteuerbehaftete Aufwendungen (z. B. Steuern, Versicherungen)	120,00 €
Bemessungsgrundlage für Umsatzsteuer	480,00 €
× 19 % (91,20 €)	= 571,20 €
Privatanteil pro Monat (480,00+91,20+120,00)	691,20 €

b) T-Konten

```
S     Unentgeltliche Wertabgabe   H        S     Verwendung Kfz priv. 19 %   H
          691,20 € |                                       |         480,00 €


S        Umsatzsteuer 19 %        H        S     Verwendung Kfz priv. 0 %    H
                   |     91,20 €                           |         120,00 €
```

c) Buchungsliste:

Nr.	Soll	Haben	Betrag/€	Text
	Unentgeltliche Wertabgaben		691,20	Private Kfz-Nutzung für 1 Monat nach der 1-%-Methode
		Verwendung Kfz privat 19 %	480,00	Ertrag private Kfz-Nutzung 80 %
		USt 19 %	91,20	USt 19 % auf UWA
		Verwendung Kfz privat 0 %	120,00	Ertrag private Kfz-Nutzung 20 %

▶ Damit die 1-%-Methode angewendet werden kann, muss der betriebliche Pkw zu mindestens 50 % betrieblich genutzt werden (notwendiges Betriebsvermögen).

1.6.25.2 Unentgeltliche Wertabgabe bei privater Pkw-Nutzung durch den Unternehmer (Fahrtenbuch-Methode)

Aufgabe

Unternehmer U nutzt seinen betrieblichen Pkw auch für private Fahrten. Das Fahrzeug hat er unter Abzug der Vorsteuer vor einigen Jahren entgeltlich erworben.

Gemäß seines *Fahrtenbuches*, welches U stets ordnungsgemäß führt, beträgt der Anteil der Privatfahrten 25 %.

Die Kosten für 05/01 betragen für

– Kosten, die mit Vorsteuer belastet sind: 2.000,00 EUR (z. B. Diesel, Reparaturen)
– Kosten, die nicht mit Vorsteuer belastet sind: 125,00 EUR (z. B. Steuern, Versicherung)

Unternehmer U möchte gerne von Ihnen Folgendes wissen:

1. Wie hoch ist der monatliche Betrag der privaten Kfz-Nutzung?
2. Wie hoch ist die hierauf entfallende Umsatzsteuer?
3. Wie lauten die relevanten Buchungssätze?

Ihr Lösungsvorschlag:

Buchungsliste:

Nr.	Soll	Haben	Betrag/€	Text

Lösung

1. Die Basis zur Berechnung der unentgeltlich entnommenen sonstigen Leistung für die private Kfz-Nutzung ergibt sich aus: 25 % von 2.000,00 EUR = 500,00 EUR. Die Umsatzsteuer hierauf beläuft sich auf 19 % von 500,00 EUR = 95,00 EUR.

   Der nicht mit Vorsteuer behaftete Aufwand beläuft sich auf 125,00 EUR. Auf den privaten Anteil entfallen: 25 % von 125,00 EUR = 31,25 EUR.

   Der Gesamtbetrag (inkl. Umsatzsteuer) beläuft sich auf **626,25 EUR** (500,00 EUR + 95,00 EUR + 31,25 EUR).

2. Die hierauf entfallene Vorsteuer beläuft sich auf 19 % von 500,00 EUR = 95,00 EUR.

3. Folgende Buchungssätze sind möglich:

Buchungsliste:

Nr.	Soll	Haben	Betrag/€	Text
	Unentgeltliche Wertabgabe		626,25	Privatanteil Privatnutzung Pkw
		Privatnutzung Pkw 19 % (Ertragskonto)	500,00	Privatanteil Pkw umsatzsteuerpflichtiger Anteil
		USt 19 %	95,00	Umsatzsteuer 19 %
		Privatnutzung Pkw 19 % (Ertragskonto)	31,25	Privatanteil Pkw umsatzsteuerfreier Anteil

1.6.25.3 Private Geldentnahme

Aufgabe

Unternehmer U (Einzelunternehmer) entnimmt sich am 31.05.01 von seinem betrieblichen Bankkonto einen Betrag in Höhe von 2.000,00 EUR, um seinen *privaten* Lebensunterhalt zu finanzieren.

Welcher Buchungssatz ist bei *Entnahme* zu bilden?

Ihr Lösungsvorschlag:

Nr.	Soll	Haben	Betrag/€	Text

Lösung

Folgender Buchungssatz ist möglich:

Buchungsliste:

Nr.	Soll	Haben	Betrag/€	Text
	Privatentnahme	Bank	2.000,00	Privatentnahme

1.6.25.4 Private Nutzung des betrieblichen Telefons

Aufgabe

Unternehmer U nutzt sein *betriebliches Telefon* auch für private Gespräche. Aufgrund eines Einzelverbindungsnachweises lässt sich feststellen, dass die private Telefonnutzung 100,00 EUR netto beträgt.

Welche Buchungssätze sind zu erstellen, wenn auch die Umsatzsteuer in Höhe von 19 % berücksichtigt wird?

Ihr Lösungsvorschlag:

Nr.	Soll	Haben	Betrag/€	Text

Lösung

Folgender Buchungssatz ist möglich:

Buchungsliste:

Nr.	Soll	Haben	Betrag/€	Text
	Unentgeltliche Wertabgabe		119,00	Privatnutzung Telefon
		Erlöse aus unentgeltlicher Nutzung Telefon 19 %	100,00	Privatnutzung Telefon 19 % Umsatzsteuer
		USt 19 %	19,00	Umsatzsteuer 19 %

1.6.26 Provisionsumsätze

Aufgabe

Unternehmer U erhält eine *Provisionszahlung* für seine Vermittlungstätigkeit. Die Provision beläuft sich auf 1.000,00 EUR netto, zzgl. 19 % USt. Der Betrag wird seinem Bankkonto direkt gutgeschrieben. Eine debitorische Buchung erfolgt nicht.

Welcher Buchungssatz ist erforderlich?

Ihr Lösungsvorschlag:

Nr.	Soll	Haben	Betrag/€	Text

Lösung

Folgender Buchungssatz ist möglich:

Buchungsliste:

Nr.	Soll	Haben	Betrag/€	Text
	Bank		1.190,00	Provisionserlöse brutto
		Provisionserlöse	1.000,00	Erlöse 19 % USt
		USt 19 %	190,00	Umsatzsteuer 19 %

1.6.27 Reparatur eines Pkw

Aufgabe

Unternehmer U lässt seinen betrieblichen Pkw von einem befreundeten Werkstattin-haber *reparieren*. Er erhält eine Rechnung für das ausgetauschte Ersatzteil in Höhe von 50,00 EUR zzgl. 19 % USt.

Welche Buchungssätze sind zu bilden?

Ihr Lösungsvorschlag:

Nr.	Soll	Haben	Betrag/€	Text

Lösung

Folgende Buchung könnte erfasst werden:

Buchungsliste:

Nr.	Soll	Haben	Betrag/€	Text
	Kfz-Reparatur		50,00	Austausch Ersatzteil
	VoSt 19 %		9,50	Vorsteuer 19 %
		Kreditor	59,50	Eingangsrechnung

1.6.28 Software-Update

Aufgabe

Unternehmer U kauft bei Software-Händler S ein *Update* (4.1) für seine Verwaltungs-Software. Dieses Update ist erforderlich, damit die Software weiterhin sicher einge-setzt werden kann. Der Bruttopreis beträgt 190,00 EUR (inkl. 19 % Umsatzsteuer).
    Welche Buchungssätze sind zu bilden?

Ihr Lösungsvorschlag:

Nr.	Soll	Haben	Betrag/€	Text

Lösung

Folgender Buchungssatz könnte gebildet werden:

Buchungsliste:

Nr.	Soll	Haben	Betrag/€	Text
	Wartungskosten Software		159,66	Kauf Update
	VoSt 19 %		30,34	Vorsteuer 19 %
		Kreditor S	190,00	Eingangsrechnung

1.6.29 Telefonkosten

Aufgabe

Unternehmer U gibt seiner Buchhalterin B die Eingangsrechnung seines *Telefon-dienstanbieters* T. Die Rechnung beläuft sich auf einen Nettobetrag in Höhe von 100,00 EUR zzgl. 19 % Umsatzsteuer.

Welcher Buchungssatz ist durch B zu bilden?

Ihr Lösungsvorschlag:

Nr.	Soll	Haben	Betrag/€	Text

Lösung

Folgender Buchungssatz ist möglich:

Buchungsliste:

Nr.	Soll	Haben	Betrag/€	Text
	Telefon		100,00	Telefonkosten
	VoSt 19 %		19,00	Vorsteuer 19 %
		Kreditor T	119,00	Eingangsrechnung Kreditor T

1.6.30 Zinsaufwand (ohne Disagio)

In diesem Kapitel werden Aufgaben zu Zinsaufwendungen – ohne Disagio/Damnum – behandelt.

1.6.30.1 Zinsen für kurzfristige Verbindlichkeiten

Aufgabe

Unternehmer U muss für einen (betrieblichen) überzogenen Dispositionsrahmen auf dem Girokonto einen *Zinsaufwand* von 100,00 EUR zahlen. Die Bank zieht den Betrag bei Fälligkeit ein.

Wie lautet der erforderliche Buchungssatz?

Ihr Lösungsvorschlag:

Nr.	Soll	Haben	Betrag/€	Text

Lösung

Folgender Buchungssatz ist möglich:

Buchungsliste:

Nr.	Soll	Haben	Betrag/€	Text
	Zinsen für kurzfristige Verbindlichkeiten	Bank	100,00	Zinsaufwand für Kontokorrentkredit

1.6.30.2 Zinsen für langfristige Verbindlichkeiten

Aufgabe

Unternehmer U muss für einen (betrieblichen) Bankkredit (Laufzeit 5 Jahre) einen *Zinsaufwand* von 1.000,00 EUR zahlen. Die Bank zieht den Betrag bei Fälligkeit ein.
Wie lautet der erforderliche Buchungssatz?

Ihr Lösungsvorschlag:

Nr.	Soll	Haben	Betrag/€	Text

Lösung

Folgender Buchungssatz ist möglich:

Buchungsliste:

Nr.	Soll	Haben	Betrag/€	Text
	Zinsen für langfristige Verbindlichkeiten	Bank	1.000,00	Zinsaufwand für Darlehen

1.6.31 Umsatzsteuer (Voranmeldung/Jahreserklärung)

In diesem Kapitel wird insbesondere auf Buchungssätze zur Umsatzsteuer-Voranmeldung und Jahreserklärung eingegangen.

1.6.31.1 Umsatzsteuer-Vorauszahlung (Zahllast)

Aufgabe

Unternehmer U muss die *Umsatzsteuer-Vorauszahlung* für den Monat Mai 00 in Höhe von 3.200,00 EUR zum 10. Juni 00 entrichten. Die Zahlung erfolgt per Banküberweisung. Eine Dauerfristverlängerung liegt nicht vor.

Welcher Buchungssatz ist zu bilden?

Ihr Lösungsvorschlag:

Nr.	Soll	Haben	Betrag/€	Text

Lösung

Die Umsatzsteuer-Vorauszahlung wird über das Bestandskonto „Umsatzsteuer-Vorauszahlung" gebucht. Am Ende des Wirtschaftsjahres wird dieses Konto zur Ermittlung der endgültigen Umsatzsteuer-Nachzahlung oder -Erstattung herangezogen.

Buchungsliste:

Nr.	Soll	Haben	Betrag/€	Text
	Umsatzsteuer-Vorauszahlung	Bank	3.200,00	Umsatzsteuer-Vorauszahlung Mai 00

1.6.31.2 Umsatzsteuer-Vorauszahlung (Vorsteuer-Überhang)

Aufgabe

Unternehmer U erwartet von seinem zuständigen Finanzamt die Erstattung des Vorsteuer-Überhangs für den Monat Juni 00 in Höhe von 250,00 EUR. Die Erstattung erfolgt am 10. Juli per Banküberweisung. Eine Dauerfristverlängerung liegt nicht vor.

Welcher Buchungssatz ist zu bilden?

Ihr Lösungsvorschlag:

Nr.	Soll	Haben	Betrag/€	Text

Lösung

Die Erstattung des Vorsteuer-Überhanges wird über das Bestandskonto „Umsatzsteuer-Vorauszahlung" gebucht. Am Ende des Wirtschaftsjahres wird dieses Konto zur Ermittlung der endgültigen Umsatzsteuer-Nachzahlung oder -Erstattung herangezogen.

Buchungsliste:

Nr.	Soll	Haben	Betrag/€	Text
	Bank	Umsatzsteuer-Vorauszahlung	250,00	Erstattung Vorsteuer-Überhang Juni 00

1.6.31.3 Umsatzsteuer-Jahreserklärung (Nachzahlung)

Aufgabe

Unternehmer U muss an sein zuständiges Finanzamt Umsatzsteuer für das Jahr 00 in Höhe von 220,00 EUR nachzahlen.
Welcher Buchungssatz ist zu bilden?

Ihr Lösungsvorschlag:

Nr.	Soll	Haben	Betrag/€	Text

Lösung

Es handelt sich um den Ausgleich einer bestehenden Verbindlichkeit gegenüber dem Finanzamt.
Folgender Buchungssatz ist möglich:

Buchungsliste:

Nr.	Soll	Haben	Betrag/€	Text
	Umsatzsteuer-Verbindlichkeit (Vorjahr)	Bank	220,00	Zahlung Umsatzsteuer für das Jahr 00

1.6.31.4 Umsatzsteuer-Jahreserklärung (Erstattung)

Aufgabe

Unternehmer U erwartet von seinem zuständigen Finanzamt die Erstattung überzahlten Umsatzsteuer-Betrages für das Jahr 01 in Höhe von 530,00 EUR. Die Erstattung erfolgt im Juli 01 per Banküberweisung.

Welcher Buchungssatz ist zu bilden?

Ihr Lösungsvorschlag:

Nr.	Soll	Haben	Betrag/€	Text

Lösung

Es handelt sich um den Ausgleich einer bestehenden Forderung durch das Finanzamt.

Folgender Buchungssatz ist möglich:

Buchungsliste:

Nr.	Soll	Haben	Betrag/€	Text
	Bank	Umsatzsteuer-Forderung (Vorjahr)	530,00	Erstattung Umsatzsteuer-Überzahlung für das Jahr 01

1.7 Komplettaufgabe (vom EBK zum SBK)

1.7.1 Komplettaufgabe Nr. 1

Aufgabe

Unternehmer gibt seiner Buchhalterin am 03.03.01 den Auftrag, die vom Steuerberater ermittelten Endbestände (Schlussbilanz per 31.12.00) in die Buchhaltung zu übernehmen. Es liegen folgende Daten vor: Unbebaute Grundstücke 30.000,00 EUR, Pkw 10.000,00 EUR, Waren 5.000,00 EUR, Forderungen aLuL 10.000,00 EUR, Bank 1.000,00 EUR, Kasse 3.000,00 EUR, Eigenkapital 21.000,00 EUR, Verbindlichkeiten aLuL 15.000,00 EUR, Verbindlichkeiten gg. Kreditinstituten 20.000,00 EUR, Verbindlichkeiten Betriebssteuern (aus Vorjahr) 3.000,00 EUR. Die Buchhalterin erfragt Ihren Rat und bittet um Mithilfe. Es sind folgende Aufgaben zu bewältigen:

1. Tragen Sie diese auf die entsprechenden T-Konten vor (über das EBK).
2. Bitte buchen Sie im Anschluss die nachfolgenden Geschäftsvorfälle auf die vorgegebenen T-Konten, nachdem Sie diese zuvor in der Buchungsliste: (siehe unten) erfasst haben:

   a) Kauf von Porto bar 20,00 EUR
   b) Bankgutschrift in Höhe von 200,00 EUR (Zinsertrag)
   c) Die Abschreibung für den Pkw beläuft sich auf 400,00 EUR.
   d) Der Warenbestand an Lager bleibt unverändert.

3. Schließen Sie alle Konten ordnungsgemäß ab und ermitteln Sie das Schlussbilanzkonto (SBK).

Ihr Lösungsvorschlag:

Buchungsliste:

Nr.	Soll	Haben	Betrag/€	Text
a)				
b)				
c)				
d)				

T-Konten:

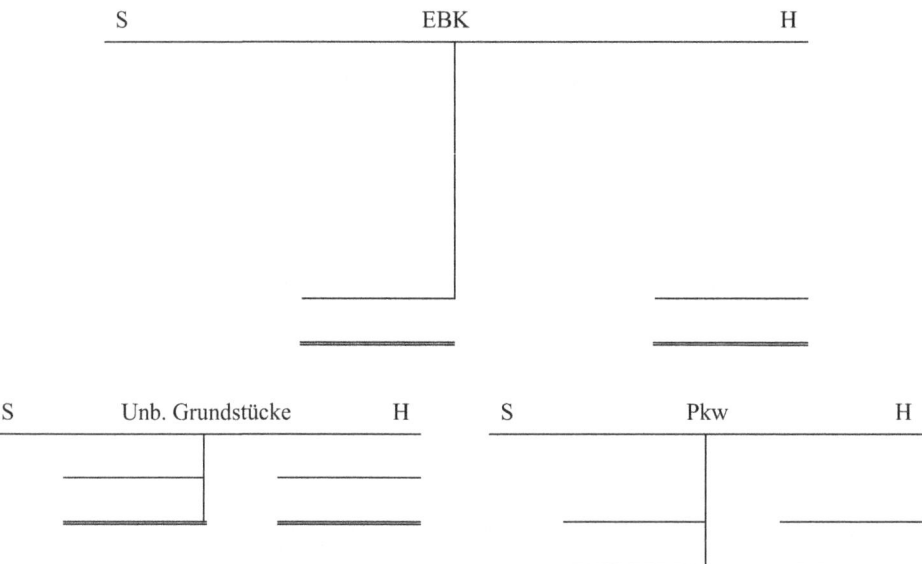

S	Waren	H		S	Ford.aLuL	H

S	Kasse	H		S	Eigenkapital	H

S	Verb.aLuL	H		S	Verb.gg. KI	H

S	Verb. Steuern	H		S	Porto	H

S	Zinsertrag	H		S	Bank	H

S	AfA	H

S	Gewinn- und Verlustrechnung	H

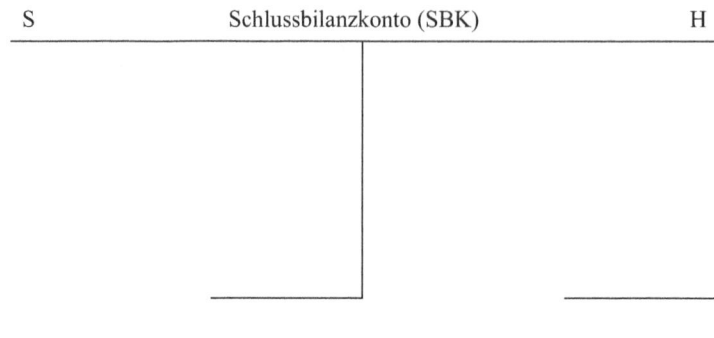

S	Schlussbilanzkonto (SBK)	H

Lösung

Buchungsliste:

Nr.	Soll	Haben	Betrag/€	Text
a)	Porto	Kasse	20,00	Kauf Porto bar
b)	Bank	Zinsertrag	200,00	Zinsgutschrift Bank
c)	AfA	Pkw	400,00	AfA Pkw
d)	Keine Buchung			

T-Konten:

S	EBK			H
Eigenkapital	21.000,00 €	Unb. Grundstücke	30.000,00 €	
Verb.aLuL	15.000,00 €	Pkw	10.000,00 €	
Verb.gg. KI	20.000,00 €	Waren	5.000,00 €	
Verb.Steuern	3.000,00 €	Ford.aLuL	10.000,00 €	
		Bank	1.000,00 €	
		Kasse	3.000,00 €	
	59.000,00 €		59.000,00 €	

S	Unb. Grundstücke		H
AB	30.000,00 €	SBK	30.000,00 €
	30.000,00 €		30.000,00 €

S	Pkw		H
AB	10.000,00 €	c)	400,00 €
		SBK	9.600,00 €
	10.000,00 €		10.000,00 €

S	Waren		H
AB	5.000,00 €	SBK	5.000,00 €
	5.000,00 €		5.000,00 €

S	Ford.aLuL		H
AB	10.000,00 €	SBK	10.000,00 €
	10.000,00 €		10.000,00 €

S	Kasse		H
AB	3.000,00 €	a)	20,00 €
		SBK	2.980,00 €
	3.000,00 €		3.000,00 €

S	Eigenkapital		H
GuVK	220,00 €	AB	21.000,00 €
SBK	20.780,00 €		
	21.000,00 €		21.000,00 €

S	Verb.aLuL		H
	15.000,00 €	AB	15.000,00 €
	15.000,00 €		15.000,00 €

S	Verb.gg. KI		H
SBK	20.000,00 €	AB	20.000,00 €
	20.000,00 €		20.000,00 €

S	Verb. Steuern		H
SBK	3.000,00 €	AB	3.000,00 €
	3.000,00 €		3.000,00 €

S	Porto		H
a)	20,00 €	GuVK	20,00 €
	20,00 €		20,00 €

S	Zinsertrag		H
GuVK	200,00 €	b)	200,00 €
	200,00 €		200,00 €

S	Bank		H
SBK	1.000,00 €		
b)	200,00 €	SBK	1.200,00 €
	1.200,00 €		1.200,00 €

S	AfA		H
c)	400,00 €	GuVK	400,00 €
	400,00 €		400,00 €

S	Gewinn- und Verlustrechnung		H
Porto	20,00 €	Zinsertrag	200,00 €
AfA	400,00 €	Verlust	220,00 €
	420,00 €		420,00 €

S	Schlussbilanzkonto (SBK)		H
Unb. Grundstücke	30.000,00 €	Eigenkapital	20.780,00 €
Pkw	9.600,00 €	Verb.aLuL	15.000,00 €
Waren	5.000,00 €	Verb.gg.KI	20.000,00 €
Ford.aLuL	10.000,00 €	Verb. Steuern	3.000,00 €
Bank	1.200,00 €		
Kasse	2.980,00 €		
	58.780,00 €		58.780,00 €

1.7.2 Komplettaufgabe Nr. 2

Aufgabe

Unternehmer U gibt seiner Buchhalterin B den Auftrag, die vom Steuerberater ermittelten Endbestände (Schlussbilanz per 31.12.01) in die Buchhaltung 02 als Anfangsbestände in die Eröffnungsbilanz per 01.01.02 zu übernehmen. U gibt B folgende Daten vor:

Endbestände laut Schlussbilanz per 31.12.01	
Unbebaute Grundstücke	10.000,00 €
Pkw	20.000,00 €
Warenbestand	1.000,00 €
Bank	14.000,00 €
Kasse	2.000,00 €
Eigenkapital	??
Verbindlichkeiten aus Lieferung und Leistungen	5.000,00 €
Darlehen	21.000,00 €

Die Buchhalterin erfragt Ihren Rat und bittet um Mithilfe. Es sind folgende Aufgaben zu bewältigen:

1. Buchen Sie die Anfangsbestände per 01.01.02. Tragen Sie diese Buchungen bitte in die Buchungsliste: ein. Im Anschluss übertragen Sie diese bitte auf T-Konten (inkl. EBK).

2. Bilden Sie die Buchungssätze zu den nachfolgenden Geschäftsvorfällen (alle in 02) und erfassen Sie diese im Anschluss auf die Konten:

    a) Telefonkosten in Höhe von 200,00 EUR (netto) zzgl. 19 % USt auf Ziel (Kreditor T)

    b) Verkauf von Waren in Höhe von 800,00 EUR zzgl. 19 % USt bar (Debitor D)

3. Sie haben noch folgende Abschlussangaben:

    a) Abschreibung Pkw 02: 4.000,00 EUR

    b) Endbestand Waren am 31.12.02: 600,00 EUR.

4. Schließen Sie alle Konten ordnungsgemäß ab.

Ihr Lösungsvorschlag:

Buchungsliste für Aufgabe Nr. 1:

Nr.	Soll	Haben	Betrag/€	Text
a)				
b)				
c)				
d)				
e)				
f)				
g)				
h)				

Buchungsliste für Aufgabe Nr. 2a:

Nr.	Soll	Haben	Betrag/€	Text
1.				

Buchungsliste für Aufgabe Nr. 2b:

Nr.	Soll	Haben	Betrag/€	Text
2.				

Buchungsliste für Aufgabe Nr. 3a:

Nr.	Soll	Haben	Betrag/€	Text
3.				

Buchungsliste für Aufgabe Nr. 3b:

Nr.	Soll	Haben	Betrag/€	Text
4.				

T-Konten:

S   EBK   H

S   Unbebautes Grundstück   H   S   Pkw   H
                                                                           3.

S   Warenbestand   H   S   Bank   H
                          4.

S   Kasse   H   S   Verb.aLuL   H

S	Darlehen	H

S	Eigenkapital	H

S	Vorsteuer 19 %	H
1.		

S	Telefonkosten	H
1.		

S	Kreditor T	H
1.		

S	Debitor D	H
2.		

S	Erlöse 19% USt	H
	2.	

S	Umsatzsteuer 19%	H
	2.	

S	AfA	H
3.		

S	Bestandsveränderung	H
4.		

S	Gewinn- und Verlustrechnung	H

S	Schlussbilanzkonto (SBK)	H

Lösung

Folgende Buchungen sind möglich:

Buchungsliste für Aufgabe Nr. 1:

Nr.	Soll	Haben	Betrag/€	Text
a)	Unb. Grundstücke	EBK	10.000,00	EB unbebaute Grundstücke
b)	Pkw	EBK	20.000,00	EB Pkw
c)	Warenbestand	EBK	1.000,00	EB Warenbestand
d)	Bank	EBK	14.000,00	EB Bank
e)	Kasse	EBK	2.000,00	EB Kasse
f)	EBK	Eigenkapital	21.000,00	EB Eigenkapital
g)	EBK	Verb.aLuL	5.000,00	EB Verb.aLuL
h)	EBK	Darlehen	21.000,00	EB Darlehen

Buchungsliste für Aufgabe Nr. 2a:

Nr.	Soll	Haben	Betrag/€	Text
1.	Telefonkosten		200,00	Aufwand Telefon netto
	VoSt 19 %		38,00	Vorsteuer 19 %
		Kreditor T	238,00	Eingangsrechnung

Buchungsliste für Aufgabe Nr. 2b:

Nr.	Soll	Haben	Betrag/€	Text
2.	Debitor D		952,00	Verkauf Waren
		Erlöse 19 % USt	800,00	Erlöse 19 %
		USt 19 %	152,00	Umsatzsteuer 19 %

Buchungsliste für Aufgabe Nr. 3a:

Nr.	Soll	Haben	Betrag/€	Text
3.	AfA	Pkw	4.000,00	AfA Pkw

Buchungsliste für Aufgabe Nr. 3b:

Nr.	Soll	Haben	Betrag/€	Text
4.	Bestands-veränderung	Warenbestand	400,00	Bestandsveränderung Waren

T-Konten:

S	EBK			H
Eigenkapital	21.000,00 €	Unb. Grundstücke	10.000,00 €	
Verb.aLuL	5.000,00 €	Pkw	20.000,00 €	
Darlehen	21.000,00 €	Waren	1.000,00 €	
		Bank	14.000,00 €	
		Kasse	2.000,00 €	
	47.000,00 €		47.000,00 €	

S	Unbebautes Grundstück		H
EBK	10.000,00 €	SBK 10.000,00 €	
	10.000,00 €	10.000,00 €	

S	Pkw		H
EBK	20.000,00 €	3. 4.000,00 €	
		SBK 16.000,00 €	
	20.000,00 €	20.000,00 €	

S	Warenbestand		H
EBK	1.000,00 €	SBK 600,00 €	
		4. 400,00 €	
	1.000,00 €	1.000,00 €	

S	Bank		H
EBK	14.000,00 €	SBK 14.000,00 €	
	14.000,00 €	14.000,00 €	

S	Kasse		H
EBK	2.000,00 €	SBK 2.000,00 €	
	2.000,00 €	2.000,00 €	

S	Verb.aLuL		H
SBK	5.000,00 €	EBK 5.000,00 €	
	5.000,00 €	5.000,00 €	

S	Darlehen		H
SBK	21.000,00 €	EBK 21.000,00 €	
	21.000,00 €	21.000,00 €	

S	Eigenkapital		H
Verlust	3.800,00 €	EBK 21.000,00 €	
SBK	17.200,00 €		
	21.000,00 €	21.000,00 €	

S	Vorsteuer 19 %	H		S	Telefonkosten	H
1.	38,00 €	USt	38,00 €	1.	200,00 €	GuV	200,00 €
	38,00 €		38,00 €		200,00 €		200,00 €

S	Kreditor T	H		S	Debitor D	H
SBK	238,00 €	1.	238,00 €	2.	952,00 €	SBK	952,00 €
	238,00 €		238,00 €		952,00 €		952,00 €

S	Erlöse 19 % USt	H		S	Umsatzsteuer 19 %	H
GuV	800,00 €	2.	800,00 €	VorSt	38.00,00	2.	152,00 €
				SBK	114,00		
	800,00 €		800,00 €		152,00 €		152,00 €

S	AfA	H		S	Bestandsveränderung	H
3.	4.000,00 €	GuV	4.000,00 €	4.	400,00 €	GuV	400,00 €
	4.000,00 €	GuV	4.000,00 €		400,00 €		400,00 €

S	Gewinn- und Verlustrechnung		H
Telefon	200,00 €	Erlöse	800,00 €
AfA	4.000,00 €	Verlust	3.800,00 €
Bestandsver.	400,00 €		
	4.600,00 €		4.600,00 €

S	Schlussbilanzkonto (SBK)		H
Unb. Grundstücke	10.000,00 €	Eigenkapital	17.200,00 €
Pkw	16.000,00 €	Verb.aLuL	5.000,00 €
Waren	600,00 €	Darlehen	21.000,00 €
Ford.aLuL	952,00 €	Verb. Steuern	114,00 €
Bank	14.000,00 €	Verb.aLuL	238,00 €
Kasse	2.000,00 €		
	43.552,00 €		43.552,00 €

1.8   Zusammenfassung – 75 Multiple-Choice-Fragen

Aufgabe

Bitte kreuzen Sie im Folgenden an, ob die jeweiligen Aussagen richtig oder falsch sind. Sollte es sich um falsche Aussagen handeln, begründen Sie diese bitte stichwortartig.

Ihr Lösungsvorschlag:

Nr.	Aussage	Richtig	Falsch
1.	Zu den Aufgaben der Buchführung gehört die Rechenschaft gegenüber den Arbeitnehmern und den Gläubigern.		
	Begründung:		
2.	Die Buchführung dient dem Unternehmer zum Zeitvertreib.		
	Begründung:		
3.	Die Kostenrechnung ist ein wichtiger Bestandteil der Buchführung.		
	Begründung:		
4.	T-Konten sind ein wichtiger Bestandteil der Doppik (Doppelte Buchführung in Konten.)		
	Begründung:		
5.	Ein zusammengesetzter Buchungssatz besteht aus mindestens 3 Bestandskonten.		
	Begründung:		
6.	Das Ergebnis der Buchführung ist die Bilanz und die Gewinn- und Verlustrechnung (GuV).		
	Begründung:		
7.	Bei Kapitalgesellschaften mündet die Buchführung in die Komponenten Bilanz, Gewinn- und Verlustrechnung, Anhang.		
	Begründung:		

Nr.	Aussage	Richtig	Falsch
8.	Die Kostenrechnung ist ebenfalls Bestandteil der Bilanz.		
	Begründung:		
9.	Im Rahmen der Buchführung darf gewählt werden, ob man „Soll an Haben" oder „Haben an Soll" bucht.		
	Begründung:		
10.	Die Buchführungspflicht ist geregelt im Handelsgesetzbuch (HGB).		
	Begründung:		
11.	Die Buchführungspflicht ist auch geregelt in der Abgabenordnung (AO).		
	Begründung:		
12.	Jeder Unternehmer – ohne Ausnahme – ist buchführungspflichtig.		
	Begründung:		
13.	Die Bestandsveränderungen gibt es in den nachfolgenden Ausprägungen: Aktiv-Passiv-Tausch, Aktiv-Passiv-Minderung, Aktiv-Tausch, Passiv-Tausch		
	Begründung:		
14.	Die Bilanzverlängerung ist auch als Aktiv-Passiv-Minderung bekannt.		
	Begründung:		
15.	Die Bilanzverkürzung ist auch als Aktiv-Passiv-Mehrung bekannt.		
	Begründung:		
16.	Eine Darlehensaufnahme kann eine Aktiv-Passiv-Mehrung sein.		
	Begründung:		

Nr.	Aussage	Richtig	Falsch
17.	Die Darlehenstilgung ist stets ein Passivtausch.		
	Begründung:		
18.	„GoB" steht für „Grundsätze der ordnungsgemäßen Buchführung".		
	Begründung:		
19.	„GoBD" steht für „Grundsätze zur ordnungsmäßigen Führung und Aufbewahrung von Büchern, Aufzeichnungen und Unterlagen in elektronischer Form sowie zum Datenzugriff".		
	Begründung:		
20.	Die „GoBD" ist eine Erfindung der Autorin.		
	Begründung:		
21.	Hilfskonten dienen dazu, einen Buchungssatz zu vervollständigen.		
	Begründung:		
22.	Zu den Hilfskonten zählen das Eröffnungsbilanzkonto (EBK) und das Schlussbilanzkonto (SBK).		
	Begründung:		
23.	Ein Freiberufler darf Bücher führen; er muss es jedoch nicht.		
	Begründung:		
24.	Ein Kleingewerbetreibender ist grundsätzlich verpflichtet, Bücher zu führen.		
	Begründung:		
25.	Das Belegprinzip ist ein wichtiger Bestandteil der GoB. Hiernach darf „Keine Buchung ohne Beleg" erfolgen.		
	Begründung:		

Nr.	Aussage	Richtig	Falsch
26.	Alle Buchungen müssen zeitgerecht und richtig erfasst werden.		
	Begründung:		
27.	Änderungen im Kassenbestand sind wöchentlich zu erfassen.		
	Begründung:		
28.	Bareinnahmen und Barausgaben müssen gemäß § 146 AO täglich erfasst werden.		
	Begründung:		
29.	Die Primanota ist ein anderer Begriff für Journal.		
	Begründung:		
30.	Bei der Buchführung müssen alle betrieblichen Geschäftsvorfälle erfasst werden. Hierbei ist es gleichgültig, ob hier ein zahlungsrelevanter Vorgang vorliegt oder nicht.		
	Begründung:		
31.	Das Eröffnungsbilanzkonto ist spiegelverkehrt zur Schlussbilanz des gleichen Wirtschaftsjahres.		
	Begründung:		
32.	Erhaltene Anzahlungen werden auf Erfolgskonten gebucht. Umsatzsteuer muss nicht berücksichtigt werden.		
	Begründung:		
33.	Erhaltene Anzahlungen gelten als Verbindlichkeiten. Die Umsatzsteuer muss (sofern es sich um umsatzsteuerpflichtige Leistungen handelt), ebenfalls gebucht werden.		
	Begründung:		
34.	Geleistete Anzahlungen werden in der Buchhaltung als Forderung auf der Aktivseite der Bilanz ausgewiesen. Vorsteuer spielt hierbei niemals eine Rolle.		
	Begründung:		

Nr.	Aussage	Richtig	Falsch
35.	Bei den geleisteten Anzahlungen handelt es sich um reine Geldzahlungen, wo die Vorsteuer niemals in Abzug gebracht werden kann.		
	Begründung:		
36.	Das Kassenbuch ist niemals elektronisch zu erfassen.		
	Begründung:		
37.	Der Kassenbestand kann auch mal negativ sein. Das Konto „Kasse" kann somit wie auch das Konto „Bank" auf der Passivseite der Bilanz erscheinen.		
	Begründung:		
38.	Wenn versehentlich eine falsche Buchung auf dem Beleg als Buchungssatz ausgewiesen wurde, kann man diesen mit Tipp-Ex entfernen.		
	Begründung:		
39.	Eingangsrechnungen sind Rechnungen, die nach Kauf einer Ware oder Dienstleistung vom Lieferanten/Dienstleister ausgestellt und dem eigenen Unternehmen zugesandt werden.		
	Begründung:		
40.	Ausgangsrechnungen werden vom eigenen Unternehmen ausgestellt, nachdem eine Leistung in Form einer Lieferung oder Sonstigen Leistung erbracht wurde.		
	Begründung:		
41.	Kleinbetragsrechnungen sind im Rahmen der Buchführung Rechnungen ohne Umsatzsteuer-Ausweis. Die Vorsteuer wird nicht gebucht.		
	Begründung:		
42.	Erfolgskonten werden über das Schlussbilanzkonto abgeschlossen; die Bestandskonten über das Gewinn- und Verlustkonto.		
	Begründung:		

Nr.	Aussage	Richtig	Falsch
43.	Als „unentgeltliche Wertabgabe" bezeichnet man den früheren „Eigenverbrauch". Hierbei handelt es sich z. B. um einen fiktiven Verkauf an den Einzelunternehmer.		
	Begründung:		
44.	Der Kauf von Vermögensgegenständen des Anlagevermögens (z. B. Pkw) wird bei umsatzsteuerpflichtigen Unternehmern stets netto gebucht.		
	Begründung:		
45.	Darlehenszinsen betrieblicher Art werden im Rahmen der Buchführung in der Regel als Betriebsausgabe erfasst.		
	Begründung:		
46.	Kfz-Versicherungen und Kfz-Steuern sind stets als Betriebsausgaben zu erfassen, wenn diese für ein betriebliches Fahrzeug angefallen sind.		
	Begründung:		
47.	Sämtliche Buchungssätze werden in der modernen (elektronischen) EDV per Kontonummer erfasst.		
	Begründung:		
48.	Alternativ können Buchungssätze auch schriftlich, als Bericht erfasst werden.		
	Begründung:		
49.	Die Wahl des EDV-Systems, mit dem die Buchführung erfasst werden soll, ist dem Steuerpflichtigen überlassen.		
	Begründung:		
50.	Vor Erfassung von Belegen in das Buchführungssystem ist eine umsatzsteuerliche Rechnungsprüfung durch den Sachbearbeiter oder der Sachbearbeiterin bei umsatzsteuerpflichtigen Unternehmern immer wichtig.		
	Begründung:		

Nr.	Aussage	Richtig	Falsch
51.	Sachliche Mängel in der Buchführung sind inhaltliche Mängel, die im schlimmsten Fall zu einer Verwerfung der Buchführung führen können.		
	Begründung:		
52.	Zu den formalen Mängeln zählen z. B. die Rechtschreibfehler bei Darstellung von Namen der Debitoren (Kunden).		
	Begründung:		
53.	Die Kreditorenbuchführung ist ein anderer Begriff für Lieferanten-buchführung.		
	Begründung:		
54.	Die Buchhalternase muss heute noch immer in die Sachkonten eingebracht werden.		
	Begründung:		
55.	CpD-Konten sind eine Erfindung der Autorin.		
	Begründung:		
56.	CpD steht für „Konto pro Diverse" und stellt ein Sammelkonto dar. Es gibt CpD-Konten für Debitoren (Kunden) und für Kreditoren (Lieferanten).		
	Begründung:		
57.	CpD-Konten tragen häufig nicht zur besseren Übersicht in der Kreditoren- oder Debitorenbuchhaltung bei.		
	Begründung:		
58.	Eine sinnvolle Organisation ist in der Buchhaltung unerlässlich. Elektronische Rechnungen sind von Papierrechnungen zwingend zu trennen.		
	Begründung:		
59.	Erhält der Unternehmer vom Lieferanten eine elektronische Rech-nung, muss er diese zwangsläufig anerkennen.		
	Begründung:		

Nr.	Aussage	Richtig	Falsch
60.	Auch eine elektronische Rechnung ist eine Rechnung, die zum Abzug der Vorsteuer berechtigt, wenn alle übrigen Voraussetzungen erfüllt sind.		
	Begründung:		
61.	Elektronische Rechnungen sind Belege, die in elektronischer Form (z. B. als Anhang im pdf, Mail) empfangen werden.		
	Begründung:		
62.	Papierrechnungen müssen ebenso wie die elektronischen Rechnungen 10 Jahre aufbewahrt werden.		
	Begründung:		
63.	Alle Debitoren- und Kreditorenkonten sollten regelmäßig, sinnvollerweise täglich, abgestimmt werden.		
	Begründung:		
64.	Werden Rechnungsbeträge aus einem Einkauf nicht vollständig beglichen, so muss der Zahlende (Leistungsempfänger) keine Korrektur in der Buchführung vornehmen.		
	Begründung:		
65.	Der leistende Unternehmer muss in seiner Buchführung jegliche Änderung der Umsatzsteuer-Bemessungsgrundlage (Entgelt) erfassen, wenn ein Sachverhalt eingetreten ist, der den Nettowert erhöht oder reduziert.		
	Begründung:		
66.	Skonto ist ein sehr teurer Lieferantenkredit, den der Leistungsempfänger unbedingt in Anspruch nehmen sollte, wenn dieser Preisnachlass ihm vom leistenden Unternehmer eingeräumt wird.		
	Begründung:		
67.	Neben Skonto können als Preisnachlässe auch Boni und Skonti vom leistenden Unternehmer gewährt werden.		
	Begründung:		

Nr.	Aussage	Richtig	Falsch
68.	Die Buchführung ist die Basis zur Ermittlung der Steuerschuld eines Unternehmers.		
	Begründung:		
69.	Die Abkürzung BWA steht für Betriebswirtschaftliche Auswertung und stellt eine kurzfristige Erfolgsrechnung dar.		
	Begründung:		
70.	Neben der BWA gibt es auch die SuSA (Summen- und Saldenliste), welche z. B. die Salden aller Sachkonten am Ende eines Monats ausweist und Vorjahresvergleiche zulässt.		
	Begründung:		
71.	OPOS steht für Offene Posten. Diese OPOS-Listen gibt es für Debitoren und Kreditoren.		
	Begründung:		
72.	Die Kassenbücher können ab dem Jahr 2018 auch im Rahmen einer Kassen-Nachschau überprüft werden.		
	Begründung:		
73.	Der Steuerberater benötigt zur Erstellung des Jahresabschlusses sämtliche Belege, die z. B. den Endbestand in der Bilanz verifizieren (bestätigen). Hierzu zählt z. B. der Darlehenskontoauszug oder der Kassenbericht zum 31.12. (falls Bilanzstichtag).		
	Begründung:		
74.	Belege müssen stets nachvollziehbar gespeichert/aufbewahrt werden. Hierzu zählt auch das EDV-System, mit dem diese Belege erfasst und ausgewertet wurden.		
	Begründung:		
75.	Die Buchführung muss nur erstellt werden, wenn im Rahmen eines Kosten-Nutzen-Vergleichs der finanzielle Aufwand nicht zu hoch ist.		
	Begründung:		

Lösung

Nr.	Aussage	Richtig	Falsch
1.	Zu den Aufgaben der Buchführung gehört die Rechenschaft gegenüber den Arbeitnehmern und den Gläubigern.		X
	Begründung: Die Buchführung muss nicht jedem Angestellten oder Gläubiger zur Verfügung gestellt werden.		
2.	Die Buchführung dient dem Unternehmer zum Zeitvertreib.		X
	Begründung: Die Buchführung muss auf Grund von Gesetzen (HGB, AO) erstellt werden. Kosten-/Nutzenanalyse spielt hierbei keine Rolle.		
3.	Die Kostenrechnung ist ein wichtiger Bestandteil der Buchführung.		X
	Begründung: Nein, die Kostenrechnung gehört zum internen Rechnungswesen.		
4.	T-Konten sind ein wichtiger Bestandteil der Doppik (Doppelte Buchführung in Konten.)	X	
5.	Ein zusammengesetzter Buchungssatz besteht aus mindestens drei Bestandskonten.		X
	Begründung: Ein zusammengesetzter Buchungssatz kann sowohl aus Bestand- als auch aus Erfolgskonten bestehen.		
6.	Das Ergebnis der Buchführung ist die Bilanz und die Gewinn- und Verlustrechnung (GuV).	X	
7.	Bei Kapitalgesellschaften mündet die Buchführung in die Komponenten Bilanz, Gewinn- und Verlustrechnung, Anhang.	X	
8.	Die Kostenrechnung ist ebenfalls Bestandteil der Bilanz.		X
	Begründung: Nein, die Kostenrechnung gehört zum internen Rechnungswesen und hat mit der Bilanzierung nichts zu tun.		
9.	Im Rahmen der Buchführung darf gewählt werden, ob man „Soll an Haben" oder „Haben an Soll" bucht.		X
	Begründung: Es gilt immer nur das Motto „Soll an Haben".		
10.	Die Buchführungspflicht ist geregelt im Handelsgesetzbuch (HGB).	X	
11.	Die Buchführungspflicht ist auch geregelt in der Abgabenordnung (AO).	X	
12.	Jeder Unternehmer – ohne Ausnahme – ist buchführungspflichtig.		X
	Begründung: Nein, da Kleingewerbetreibende und Freiberufler z. B. niemals von der Buchführungspflicht betroffen sind.		

Nr.	Aussage	Richtig	Falsch
13.	Die Bestandsveränderungen gibt es in den nachfolgenden Ausprägungen: Aktiv-Passiv-Tausch, Aktiv-Passiv-Minderung, Aktiv-Tausch, Passiv-Tausch		X
	Begründung: Aktiv-Passiv-Mehrung, Aktiv-Passiv-Minderung, Aktiv-Tausch, Passiv-Tausch		
14.	Die Bilanzverlängerung ist auch als Aktiv-Passiv-Minderung bekannt.		X
	Begründung: Aktiv-Passiv-Mehrung		
15.	Die Bilanzverkürzung ist auch als Aktiv-Passiv-Mehrung bekannt.		X
	Begründung: Aktiv-Passiv-Minderung		
16.	Eine Darlehensaufnahme kann eine Aktiv-Passiv-Mehrung sein.	X	
17.	Die Darlehenstilgung ist stets ein Passivtausch.		X
	Begründung: Bei einer Darlehenstilgung könnte auch eine Aktiv-Passiv-Minderung vorliegen.		
18.	„GoB" steht für „Grundsätze der ordnungsgemäßen Buchführung".	X	
19.	„GoBD" steht für „Grundsätze zur ordnungsmäßigen Führung und Aufbewahrung von Büchern, Aufzeichnungen und Unterlagen in elektronischer Form sowie zum Datenzugriff".	X	
20.	Die „GoBD" ist eine Erfindung der Autorin.		X
	Begründung: Nein, die GoBD ist ein Schreiben des Bundesfinanz-ministeriums vom 14.11.2014.		
21.	Hilfskonten dienen dazu, einen Buchungssatz zu vervollständigen.	X	
22.	Zu den Hilfskonten zählen das Eröffnungsbilanzkonto (EBK) und das Schlussbilanzkonto (SBK).	X	
23.	Ein Freiberufler darf Bücher führen; er muss es jedoch nicht.	X	
24.	Ein Kleingewerbetreibender ist grundsätzlich verpflichtet, Bücher zu führen.		X
	Begründung: Nein, ein Kleingewerbetreibender muss nur Aufzeichnungen zur korrekten Besteuerung erfassen.		
25.	Das Belegprinzip ist ein wichtiger Bestandteil der GoB. Hiernach darf „Keine Buchung ohne Beleg" erfolgen.	X	
26.	Alle Buchungen müssen zeitgerecht und richtig erfasst werden.	X	
27.	Änderungen im Kassenbestand sind wöchentlich zu erfassen.		X
	Begründung: Nein, die Änderungen sind täglich zu erfassen.		

Nr.	Aussage	Richtig	Falsch
28.	Bareinnahmen und Barausgaben müssen gemäß § 146 AO täglich erfasst werden.	X	
29.	Die Primanota ist ein anderer Begriff für Journal.	X	
30.	Bei der Buchführung müssen alle betrieblichen Geschäftsvorfälle erfasst werden. Hierbei ist es gleichgültig, ob hier ein zahlungsrelevanter Vorgang vorliegt oder nicht.	X	
31.	Das Eröffnungsbilanzkonto ist spiegelverkehrt zur Schlussbilanz des gleichen Wirtschaftsjahres.		X
	Begründung: Das Eröffnungsbilanzkonto (EBK) ist spiegelverkehrt zur Eröffnungsbilanz des laufenden Wirtschaftsjahres.		
32.	Erhaltene Anzahlungen werden auf Erfolgskonten gebucht. Umsatzsteuer muss nicht berücksichtigt werden.		X
	Begründung: Erhaltene Anzahlungen werden auf Bestandskonten gebucht. Die Umsatzsteuer muss in den Buchungssätzen berücksichtigt werden.		
33.	Erhaltene Anzahlungen gelten als Verbindlichkeiten. Die Umsatzsteuer muss (sofern es sich um umsatzsteuerpflichtige Leistungen handelt), ebenfalls gebucht werden.	X	
34.	Geleistete Anzahlungen werden in der Buchhaltung als Forderung auf der Aktivseite der Bilanz ausgewiesen. Vorsteuer spielt hierbei niemals eine Rolle.		X
	Begründung: Geleistete Anzahlungen werden in der Bilanz wie eine Forderung auf der Aktivseite der Bilanz ausgewiesen. Die Vorsteuer darf bei Vorliegen aller relevanten Voraussetzungen vom zahlenden Unternehmer in Abzug gebracht werden.		
35.	Bei den geleisteten Anzahlungen handelt es sich um reine Geldzahlungen, wo die Vorsteuer niemals in Abzug gebracht werden kann.		X
	Begründung: Die Vorsteuer darf bei Vorliegen aller relevanten Voraussetzungen vom zahlenden Unternehmer in Abzug gebracht werden.		
36.	Das Kassenbuch ist niemals elektronisch zu erfassen.		X
	Begründung: Das Kassenbuch darf elektronisch und manuell erfasst werden.		
37.	Der Kassenbestand kann auch mal negativ sein. Das Konto „Kasse" kann somit wie auch das Konto „Bank" auf der Passivseite der Bilanz erscheinen.		X
	Begründung: Der Kassenbestand kann niemals negativ sein.		

Nr.	Aussage	Richtig	Falsch
38.	Wenn versehentlich eine falsche Buchung auf dem Beleg als Buchungssatz ausgewiesen wurde, kann man diesen mit Tipp-Ex entfernen.		X
	Begründung: Korrekturen oder Löschungen von relevanten Informationen auf Belegen mit Tipp-Ex sind niemals erlaubt.		
39.	Eingangsrechnungen sind Rechnungen, die nach Kauf einer Ware oder Dienstleistung vom Lieferanten/Dienstleister ausgestellt und dem eigenen Unternehmen zugesandt werden.	X	
40.	Ausgangsrechnungen werden vom eigenen Unternehmen ausgestellt, nachdem eine Leistung in Form einer Lieferung oder Sonstigen Leistung erbracht wurde.	X	
41.	Kleinbetragsrechnungen sind im Rahmen der Buchführung Rechnungen ohne Umsatzsteuer-Ausweis. Die Vorsteuer wird nicht gebucht.		X
	Begründung: Kleinbetragsrechnungen beinhalten Entgelt und Umsatzsteuer bis zu einem Wert von 150,00 € (bisherige Regelung) bzw. geplant 200,00 € (voraussichtlich ab 01.01.2017) in einem Betrag. Der Leistungsempfänger darf die Vorsteuer selbst ausrechnen und abziehen, sofern der korrekte Steuersatz auf der Rechnung enthalten ist (§ 33 UStDV).		
42.	Erfolgskonten werden über das Schlussbilanzkonto abgeschlossen; die Bestandskonten über das Gewinn- und Verlustkonto.		X
	Begründung: Bestandskonten werden über das Schlussbilanzkonto abgeschlossen; die Erfolgskonten werden über das Gewinn- und Verlustkonto abgeschlossen.		
43.	Als „unentgeltliche Wertabgabe" bezeichnet man den früheren „Eigenverbrauch". Hierbei handelt es sich z. B. um einen fiktiven Verkauf an den Einzelunternehmer.	X	
44.	Der Kauf von Vermögensgegenständen des Anlagevermögens (z. B. Pkw) wird bei umsatzsteuerpflichtigen Unternehmern stets netto gebucht.	X	
45.	Darlehenszinsen betrieblicher Art werden im Rahmen der Buchführung in der Regel als Betriebsausgabe erfasst.	X	
46.	Kfz-Versicherungen und Kfz-Steuern sind stets als Betriebsausgaben zu erfassen, wenn diese für ein betriebliches Fahrzeug angefallen sind.	X	
47.	Sämtliche Buchungssätze werden in der modernen (elektronischen) EDV per Kontonummer erfasst.	X	

Nr.	Aussage	Richtig	Falsch
48.	Alternativ können Buchungssätze auch schriftlich, als Bericht erfasst werden.		X
	Begründung: Nein, Buchungssätze können ausschließlich numerisch per Buchungssatz in das EDV-System eingepflegt werden.		
49.	Die Wahl des EDV-Systems, mit dem die Buchführung erfasst werden soll, ist dem Steuerpflichtigen überlassen.	X	
50.	Vor Erfassung von Belegen in das Buchführungssystem ist eine umsatzsteuerliche Rechnungsprüfung durch den Sachbearbeiter oder der Sachbearbeiterin bei umsatzsteuerpflichtigen Unternehmern immer wichtig.	X	
51.	Sachliche Mängel in der Buchführung sind inhaltliche Mängel, die im schlimmsten Fall zu einer Verwerfung der Buchführung führen können.	X	
52.	Zu den formalen Mängeln zählen z. B. die Rechtschreibfehler bei Darstellung von Namen der Debitoren (Kunden).	X	
53.	Die Kreditorenbuchführung ist ein anderer Begriff für Lieferantenbuchführung.	X	
54.	Die Buchhalternase muss heute noch immer in die Sachkonten eingebracht werden.		X
	Begründung: Die Buchhalternase ist aufgrund der modernen EDV heute überflüssig. Sie diente in früheren Zeiten zur Reduzierung der Abstände in Konten, damit keine zusätzlichen Beträge eingepflegt werden konnten.		
55.	CpD-Konten sind eine Erfindung der Autorin.		X
	Begründung: Nein, CpD-Konten gibt es tatsächlich. Es handelt sich um Sammelkonten für Kunden und Lieferanten.		
56.	CpD steht für „Konto pro Diverse" und stellt ein Sammelkonto dar. Es gibt CpD-Konten für Debitoren (Kunden) und für Kreditoren (Lieferanten).	X	
57.	CpD-Konten tragen häufig nicht zur besseren Übersicht in der Kreditoren- oder Debitorenbuchhaltung bei.	X	
58.	Eine sinnvolle Organisation ist in der Buchhaltung unerlässlich. Elektronische Rechnungen sind von Papierrechnungen zwingend zu trennen.	X	
59.	Erhält der Unternehmer vom Lieferanten eine elektronische Rechnung, muss er diese zwangsläufig anerkennen.		X
	Begründung: Nein, er ist hierzu nicht verpflichtet und kann eine Papierrechnung anfordern.		

Nr.	Aussage	Richtig	Falsch
60.	Auch eine elektronische Rechnung ist eine Rechnung, die zum Abzug der Vorsteuer berechtigt, wenn alle übrigen Voraussetzungen erfüllt sind.	X	
61.	Elektronische Rechnungen sind Belege, die in elektronischer Form (z. B. als Anhang im pdf, Mail) empfangen werden.	X	
62.	Papierrechnungen müssen ebenso wie die elektronischen Rechnungen 10 Jahre aufbewahrt werden.	X	
63.	Alle Debitoren- und Kreditorenkonten sollten regelmäßig, sinnvollerweise täglich, abgestimmt werden.	X	
64.	Werden Rechnungsbeträge aus einem Einkauf nicht vollständig beglichen, so muss der Zahlende (Leistungsempfänger) keine Korrektur in der Buchführung vornehmen.		X
	Begründung: Doch, bei Änderungen sind stets Korrekturen in der Buchführung zu erfassen. Die Vorsteuer ist ggf. zu korrigieren.		
65.	Der leistende Unternehmer muss in seiner Buchführung jegliche Änderung der Umsatzsteuer-Bemessungsgrundlage (Entgelt) erfassen, wenn ein Sachverhalt eingetreten ist, der den Nettowert erhöht oder reduziert.	X	
66.	Skonto ist ein sehr teurer Lieferantenkredit, den der Leistungsempfänger unbedingt in Anspruch nehmen sollte, wenn dieser Preisnachlass ihm vom leistenden Unternehmer eingeräumt wird.	X	
67.	Neben Skonto können als Preisnachlässe auch Boni und Skonti vom leistenden Unternehmer gewährt werden.	X	
68.	Die Buchführung ist die Basis zur Ermittlung der Steuerschuld eines Unternehmers.	X	
69.	Die Abkürzung BWA steht für Betriebswirtschaftliche Auswertung und stellt eine kurzfristige Erfolgsrechnung dar.	X	
70.	Neben der BWA gibt es auch die SuSA (Summen- und Saldenliste), welche z. B. die Salden aller Sachkonten am Ende eines Monats ausweist und Vorjahresvergleiche zulässt.	X	
71.	OPOS steht für Offene Posten. Diese OPOS-Listen gibt es für Debitoren und Kreditoren.	X	
72.	Die Kassenbücher können ab dem Jahr 2018 auch im Rahmen einer Kassen-Nachschau überprüft werden.	X	
73.	Der Steuerberater benötigt zur Erstellung des Jahresabschlusses sämtliche Belege, die z. B. den Endbestand in der Bilanz verifizieren (bestätigen). Hierzu zählt z. B. der Darlehenskontoauszug oder der Kassenbericht zum 31.12. (falls Bilanzstichtag).	X	

Nr.	Aussage	Richtig	Falsch
74.	Belege müssen stets nachvollziehbar gespeichert/aufbewahrt werden. Hierzu zählt auch das EDV-System, mit dem diese Belege erfasst und ausgewertet wurden.	X	
75.	Die Buchführung muss nur erstellt werden, wenn im Rahmen eines Kosten-Nutzen-Vergleichs der finanzielle Aufwand nicht zu hoch ist.		X
	Begründung: Der Kosten-Nutzen-Vergleich spielt hinsichtlich der Verpflichtung zur Buchführung keine Rolle.		

1.9   Quellenverzeichnis zum Kapitel „Buchführung"

Bundesministerium der Justiz und für Verbraucherschutz

[1]   http://www.gesetze-im-internet.de/ao_1977/__140.html; Abruf am 21.05.2017
[2]   http://www.gesetze-im-internet.de/ao_1977/__141.html; Abruf am 21.05.2017
[3]   https://www.gesetze-im-internet.de/estg/__18.html; Abruf am 21.05.2017
[4]   https://www.gesetze-im-internet.de/hgb/__6.html; Abruf am 21.05.2017
[5]   https://www.gesetze-im-internet.de/hgb/__241a.html; Abruf am 21.05.2017
[6]   https://www.gesetze-im-internet.de/estg/__48.html; Abruf am 21.05.2017

Bilanzierung – Aufgaben und Lösungen

2

Zusammenfassung

Im Kapitel *Bilanzierung* werden dem Leser zahlreiche Übungen zu grundlegenden Themen (z. B. Zugangs- und Folgebewertung von Anlagegütern) und ausgewählten Fragen (z. B. Derivativer Firmenwert, Lagerbestandsveränderungen) angeboten.

Im Folgenden werden Aufgaben zu unterschiedlichen Themengebieten im Rahmen der Bilanzierung – alphabetisch geordnet – dargestellt. Zunächst erfolgt die Darstellung der Aufgaben und Sachverhalte pro Fachgebiet, im Anschluss – unterhalb der Aufgabenstellung – erfolgt der Lösungsvorschlag.

2.1 Betriebsvermögensvergleich

Aufgabe

Ermitteln Sie bitte den *wirtschaftlichen Erfolg* gemäß § 4 (1) EStG [1] des Unternehmens (Einzelunternehmen) anhand der folgenden Daten und tragen Sie die Werte in die hierfür vorgesehene Tabelle ein:

Eigenkapital (EK) am Ende des Jahres (31.12.01):	110.000,00 EUR
Privateinlagen:	40.000,00 EUR
Privatentnahmen:	30.000,00 EUR
EK am Anfang des Jahres (01.01.01):	220.000,00 EUR

© Springer Fachmedien Wiesbaden GmbH, ein Teil von Springer Nature 2018
K. Nickenig, *Übungsbuch Buchführung, Bilanzierung und Umsatzsteuer*,
https://doi.org/10.1007/978-3-658-22718-0_2

Ihr Lösungsvorschlag:

Lösung

Eigenkapital 31.12.01		110.000,00 €
./. Eigenkapital 01.01.01		220.000,00 €
= **Zwischensumme**		**./. 110.000,00 €**
+ Privatentnahmen		30.000,00 €
./. Privateinlagen		40.000,00 €
= **Verlust**		**./. 120.000,00 €**

2.2 Inventur

Aufgabe

Was ist eine Inventur und wofür benötigt man diese?

Ihr Lösungsvorschlag:

Lösung

Als *Inventur* bezeichnet man die Methode zur Erfassung aller Vermögensgegenstände und Schulden zum Bilanzstichtag. Diese Form der Bestätigung des Vermögens und der Schulden in der Bilanz ist gesetzlich vorgeschrieben.

2.3 Bilanz (allgemein)

In diesem Kapitel werden Aufgaben zum Thema „Bilanz (allgemein)" betrachtet.

2.3.1 Bilanzgliederung

Aufgabe

Stellen Sie bitte die *Gliederung einer Bilanz* (allgemein) dar. Sie können hierzu die gesetzliche Vorgabe nach § 247 HGB [2] bzw. nach § 266 HGB [3] zur Hilfe nehmen.

Ihr Lösungsvorschlag:

Lösung

Allgemein kann die Bilanz wie folgt dargestellt werden[1]:

Aktiva	Bilanz zum 31.12.xx	Passiva
A. Anlagevermögen	**A. Eigenkapital**	
I. Immaterielle Vermögensgegenstände		
II. Sachanlagen		
III. Finanzanlagen	**B. Rückstellungen**	
B. Umlaufvermögen		
I. Vorräte		
II. Forderungen und sonstige Vermögensgegenstände	**C. Verbindlichkeiten**	
III. Wertpapiere		
IV. Kasse, Bankguthaben, Schecks		
C. Rechnungsabgrenzungsposten	**D. Rechnungsabgrenzungsposten**	
Bilanzsumme		Bilanzsumme

2.3.2 Bilanz nach Handels- und nach Steuerrecht

Aufgabe

Bitte erläutern Sie kurz den Unterschied zwischen *Handels-* und *Steuerbilanz*.

Ihr Lösungsvorschlag:

---

[1] Siehe auch: Nickenig K (2016), Buchführung: Schneller Einstieg in die Grundlagen, Springer Fachmedien Wiesbaden, Wiesbaden.

Lösung

Die *Handelsbilanz* basiert auf den Vorschriften des Handelsgesetzbuches (HGB). Sie hat betriebswirtschaftlichen Charakter und dient als Informationsbilanz für z. B. Entscheidungsträger im Unternehmer. Die Handelsbilanz stellt die Entscheidungsgrundlage für die Ausschüttung von Gewinnen an die Anteilseigner dar („Ausschüttungsbemessungsfunktion"). Nach dem Maßgeblichkeitsgrundsatz stellt die Handelsbilanz die Grundlage für die Erstellung der Steuerbilanz dar (§ 5 (1) Satz 1 EStG) [4].

Die *Steuerbilanz* basiert auf der Handelsbilanz und dient der korrekten Ermittlung der Steuerhöhe durch das Finanzamt.

2.3.3 Bilanz und Gewinn- und Verlustrechnung

Aufgabe

Erläutern Sie bitte die Begriffe *Bilanz* und *Gewinn- und Verlustrechnung (GuV)* und stellen Sie anhand wesentlicher Kriterien dar, welche Bedeutung diese im externen Rechnungswesen haben.

Ihr Lösungsvorschlag:

Lösung

Die *Bilanz* ist eine Gegenüberstellung von Vermögen und Kapital zum Bilanzstichtag. Sie ist eine Stichtagsbetrachtung und beinhaltet Bestandskonten (Aktiv- und Passivkonten). Sie ist Ergebnis der Buchführung und ein zentraler Bestandteil des handels- und steuerrechtlichen Jahresabschlusses.

Die *Gewinn- und Verlustrechnung* ist eine Gegenüberstellung von Aufwand und Ertrag für den Zeitraum einer Wirtschaftsperiode und stellt den betrieblichen Erfolg des

Unternehmens dar. Sie ist eine Zeitraumbetrachtung und beinhaltet Erfolgskonten (Auf-
wands- und Ertragskonten). Sie ist Ergebnis der Buchführung und ein zentraler Bestandteil des handels- und steuerrechtlichen Jahres-abschlusses.

2.3.4 Bilanzveränderungen

Aufgabe

Um welche Bestandsveränderungen handelt es sich im Folgenden?

Unterscheiden Sie bitte zwischen: Passivtausch, Aktivtausch, Aktiv-Passiv-
Mehrung, Aktiv-Passiv-Minderung

1. Kauf einer Maschine auf Ziel
2. Zahlung einer Lieferantenverbindlichkeit durch Aufnahme eines (neuen) Bankdarlehens
3. Tausch eines Pkw gegen einen Lkw
4. Bareinzahlung in die Kasse von einem betrieblichen Girokonto bei der Sparkasse
   Darmstadt
5. Eigenes Beispiel

Ihr Lösungsvorschlag:

Lösung

1. Aktiv-Passiv-Mehrung
2. Passiv-Tausch
3. Aktiv-Tausch
4. Aktiv-Tausch (alternativ: Aktiv-Passiv-Mehrung)
5. Kein Lösungsvorschlag, da zahlreiche Beispiele möglich

2.4 Anlagevermögen

Das betriebliche Anlagevermögen besteht aus zahlreichen Positionen. In diesem Abschnitt erfolgt die Betrachtung einzelner Bewertungen von Anlagegütern.

2.4.1 Zugangsbewertung

Zunächst werden im Rahmen der Zugangsbewertung die Anschaffungs- und Herstellungskosten betrachtet.

2.4.1.1 Anschaffungskosten

Aufgabe

Unternehmer U kauft von Unternehmer F ein bebautes Grundstück für 300.000,00 EUR. Auf das Gebäude entfallen 60 % des Kaufpreises. An Nebenkosten sind für Grunderwerbsteuer, Notarkosten und Reisekosten insgesamt 30.300,00 EUR angefallen. Die Finanzierungskosten (Zinsen) belaufen sich auf 16.000,00 EUR.

Wie hoch sind die Anschaffungskosten von Grundstück bzw. Gebäude und welche Buchungssätze sind zu bilden? Die Zahlung erfolgt sofort per Banküberweisung (betriebliches Konto).

Bitte berechnen Sie nachvollziehbar die entsprechenden Anschaffungskosten und bilden Sie bitte die erforderlichen Buchungssätze. (*Hinweis:* Die Umsatzsteuer bleibt hierbei unberücksichtigt.)

Ihr Lösungsvorschlag:

Objekt	Kaufpreis/€	Nebenkosten/€	Anschaffungskosten/€

Buchungsliste:

Nr.	Soll	Haben	Betrag/€	Text
1.				
2.				

Lösung

Die Anschaffungskosten für das Grundstück und das Gebäude müssen getrennt aufge-zeichnet werden, da lediglich das Gebäude abnutzbar ist und abgeschrieben werden muss. Die Aufteilung erfolgt im Verhältnis 40 % zu 60 % nach Aufgabenstellung.

Objekt	Kaufpreis/€	Nebenkosten/€	Anschaffungskosten/€
Grund und Boden (40 %)	120.000,00	12.120,00	132.120,00
Gebäude (60 %)	180.000,00	18.180,00	198.180,00
Gesamt	**300.000,00**	**30.300,00**	**330.300,00**

Die Finanzierungskosten in Höhe von 16.000,00 EUR werden nicht aktiviert. Sie stellen sofort abzugsfähige Betriebsausgaben dar.

Folgende Buchungssätze können gebildet werden:

Buchungsliste:

Nr.	Soll	Haben	Betrag/€	Text
1.	Grund und Boden bebaut		132.120,00	Kauf Grundstück
	Gebäude		198.180,00	Kauf Gebäude
		Bank	119,00	Eingangsrechnung L
2.	Zinsen für langfristige Verbindlichkeiten	Bank	16.000,00	Finanzierungskosten

2.4.1.2   Herstellungskosten

Aufgabe

Unternehmer U fertigt in seinem Betrieb 2 hochwertige Tische für den Wartebereich seiner Kunden. Die Material- und Lohnkosten wurden bereits als Betriebsausgaben erfasst. Die Vorsteuer wurde ebenfalls korrekt gebucht.

Folgende Kosten sind für die Produktion angefallen:

Materialeinzelkosten	3.000,00 €
Gemeinkostenzuschlag Material	20 %
Fertigungseinzelkosten	1.000,00 €
Gemeinkostenzuschlag Fertigung	25 %
Vertriebsgemeinkosten	500,00 €

Ermitteln Sie bitte nachvollziehbar die Herstellungskosten, die U in seiner Buchhaltung zu erfassen hat. Bewertungswahlrechte in Handels- und Steuerbilanz sind hier nicht zu berücksichtigen.

Welcher Buchungssatz muss gebildet werden?

Ihr Lösungsvorschlag:

Buchungsliste:

Nr.	Soll	Haben	Betrag/€	Text

Lösung

Die Vorsteuer muss nicht korrigiert werden.

Ermittlung Herstellungskosten:

Materialeinzelkosten	3.000,00 €
+ Materialgemeinkosten (20 % von 3.000,00 €)	+ 600,00 €
+ Fertigungseinzelkosten	1.000,00 €
+ Fertigungsgemeinkosten (25 % von 1.000,00 €)	+ 250,00 €
Herstellungskosten	**4.850,00 €**

Buchungsliste:

Nr.	Soll	Haben	Betrag/€	Text
	Betriebs- und Geschäftsausstattung	Andere aktivierte Eigenleistung	4.850,00	Aktivierung von Herstellungskosten der selbst genutzten Tische

2.4.2 Folgebewertung

Im Rahmen der Folgebewertung wird die lineare und degressive Abschreibungsmethode betrachtet. Darüber hinaus werden Aufgaben zu den Geringwertigen Wirtschaftsgütern und außerplanmäßigen Abschreibungen angeboten.

2.4.2.1 Lineare Abschreibungsmethode (planmäßige Abschreibung)

Aufgabe

U (vorsteuerabzugsberechtigter Unternehmer) kauft am 14.04.00 einen betrieblichen Pkw für netto 60.000,00 EUR. Dieser wird ins Anlagevermögen gebucht und unterliegt der linearen Abschreibungsmethode. Die Nutzungsdauer beträgt gemäß AfA-Tabelle 6 Jahre.

1. Wie hoch sind die AfA-Beträge in den Jahren 00 und 01?
2. Wie lautet jeweils der Buchungssatz für die AfA am 31.12.00 und am 31.12.01, wenn die Abschreibung nur einmal pro Jahr (rein theoretisch) gebucht würde?

Ihr Lösungsvorschlag:

Buchungsliste:

Nr.	Soll	Haben	Betrag/€	Text
1.				
2.				

Lösung

1. a) Für das *Jahr 01* wird die Abschreibung wie folgt ermittelt:

   60.000,00 EUR / 6 Jahre = 10.000,00 EUR/Jahr.

   Da der Pkw im April gekauft wurde, ist die Abschreibung nur monatsgenau durchzuführen („pro rata temporis"):

   10.000,00 EUR / 12 × 9 = *7.500,00 EUR.*

   b) Für das *Jahr 02* wird der volle Abschreibungsbetrag in Höhe von *10.000,00 EUR*
   in Abzug gebracht.

2. Der Buchungssatz für die AfA am 31.12.00 und am 31.12.01, wenn die Abschreibung
   nur einmal pro Jahr (rein theoretisch) gebucht würde, lautet:

Buchungsliste:

Nr.	Soll	Haben	Betrag/€	Text
1.	AfA	Pkw	7.500,00	AfA 00
2.	AfA	Pkw	10.000,00	AfA 01

2.4.2.2   Degressive Abschreibungsmethode (planmäßige Abschreibung)

Aufgabe

U (vorsteuerabzugsberechtigter Unternehmer) kauft am 14.04.00 einen betrieblichen Pkw für netto 60.000,00 EUR. Dieser wird ins Anlagevermögen gebucht und soll zu Übungszwecken *degressiv* (wie in den Jahren 2009 und 2010) abgeschrieben werden. Die Nutzungsdauer beträgt gemäß AfA-Tabelle 6 Jahre. Der Multiplikator soll 2,5 betragen.

1. Wie hoch sind die AfA-Beträge in den Jahren 00 und 01 und wie hoch sind die jeweiligen Restbuchwerte?
2. Wie lautet jeweils der Buchungssatz für die AfA am 31.12.00 und am 31.12.01, wenn die Abschreibung nur einmal pro Jahr (rein theoretisch) gebucht würde?

Ihr Lösungsvorschlag:

Buchungsliste:

Nr.	Soll	Haben	Betrag/€	Text
1.				
2.				

Lösung

1. a) Für das *Jahr 01* wird die Abschreibung wie folgt ermittelt:
   - 100 % (Abschreibungspotenzial) / 6 Jahre = 16,67 %/Jahr
   - 16,67 % × 2,5 = 41,675 %, gem. § 7 EStG maximal 25 %
   - 25 % × 60.000,00 EUR = 15.000,00 EUR
   - Pro rata temporis: 15.000,00 EUR × 9/12 = **11.250,00 EUR (AfA-Betrag)**
   - Restbuchwert per 31.12.00 = 60.000,00 EUR ./. 11.250,00 EUR = **48.750,00 EUR**

b) Für das *Jahr 02* wird der volle Abschreibungsbetrag wie folgt ermittelt:
  – 48.750,00 EUR × 25 % = 12.187,50 EUR (AfA-Wert)
  – 48.750,00 EUR ./. **12.188,00** (gerundet) = **36.562,00 EUR** (Restbuchwert)

2. Der Buchungssatz für die AfA am 31.12.00 und am 31.12.01, wenn die Abschreibung nur einmal pro Jahr (rein theoretisch) gebucht würde, lautet:

Buchungsliste:

Nr.	Soll	Haben	Betrag/€	Text
1.	AfA	Pkw	11.250,00	AfA 00
2.	AfA	Pkw	12.188,00	AfA 01

2.4.2.3   GWG bis 410,00 EUR (ab 2018: 800,00 EUR)

Aufgabe

Unternehmer U kauft am 05.01.01 ein Laptop zu einem Kaufpreis von 300,00 EUR zzgl. 19 % Umsatzsteuer. Der Kaufpreis wird von U bar bezahlt. Es ist *nicht* nach der Sammelposten-Methode zu buchen. Die Nutzungsdauer soll 3 Jahre betragen.

Welcher Buchungssatz ist zu erstellen bei Kauf und bei Abschreibung am 31.12.?

Ihr Lösungsvorschlag:

Nr.	Soll	Haben	Betrag/€	Text
1.				
2.				

Lösung

Folgende Buchungssätze können erstellt werden (unter Berücksichtigung der zeitanteiligen Abschreibung „pro rata temporis"):

Buchungsliste:

Nr.	Soll	Haben	Betrag/€	Text
1.	GWG bis 410,00 €		300,00	Kauf Laptop
	VoSt 19 %		57,00	Vorsteuer 19 %
		Kasse	357,00	Eingangsrechnung
2.	Sofortabschreibung GWG	GWG bis 410,00 €	300,00	Abschreibung GWG (300,00 €/3 Jahre)

2.4.2.4   GWG-Sammelposten

Hinweis vorab: Mit dem Zweiten Bürokratieentlastungsgesetz, welchem der Bundesrat am 12.05.2017 zugestimmt hat, wird die Aufzeichnungspflicht für GWG von bisher 150,00 EUR auf 250,00 EUR für alle Güter, die nach dem 31.12.2017 angeschafft oder hergestellt werden, angehoben.

Aufgabe

Unternehmer U kauft ein Laptop am 05.07.01 zu einem Kaufpreis von 800,00 EUR zzgl. 19 % Umsatzsteuer. Der Kaufpreis wird von U bar bezahlt. Es ist nach der Sammelposten-Methode zu buchen. (*Hinweis:* Bei der Sammelposten-Methode wird nicht zeitanteilig abgeschrieben.)

Welcher Buchungssatz ist zu erstellen bei Kauf und bei Abschreibung am 31.12.?

Ihr Lösungsvorschlag:

Nr.	Soll	Haben	Betrag/€	Text
1.				
2.				

Lösung

Folgende Buchungssätze können erstellt werden:

Buchungsliste:

Nr.	Soll	Haben	Betrag/€	Text
1.	GWG-Sammelposten		800,00	Kauf Laptop
	VoSt 19 %		152,00	Vorsteuer 19 %
		Kasse	952,00	Eingangsrechnung
2.	AfA GWG-Sammelposten	GWG-Sammelposten	160,00	Abschreibung GWG (800,00 € / 5 Jahre)

2.4.2.5 Außerplanmäßige Abschreibung

Aufgabe

Unternehmer U hat am 12.05.00 ein bebautes Grundstück zu einem Kaufpreis von 500.000,00 EUR erworben, welches dem Betriebsvermögen zugeordnet wird. Laut Vertrag gehen Nutzen und Lasten am 28.05.00 auf U über. Es sind im Rahmen des Anschaffungsvorgangs noch folgende Kosten entstanden:

Notarkosten	3.000,00 €
Grunderwerbsteuer	4 % des Kaufpreises
Grundbucheintragungskosten	2.000,00 €
Honorar für Finanzmakler	1.700,00 €

Der Anteil des Gebäudes beträgt 60 %. Die Abschreibung des Gebäudes erfolgt mit jährlich 3 % (lineare Abschreibung). Im Dezember 08 wird das Gebäude durch einen Wasserschaden so stark beschädigt, das der Wert des Objektes laut Versicherungsgutachten auf 320.000,00 EUR dauerhaft gesunken ist.

U stellt Ihnen zwei Fragen:

1. Wie hoch sind die Anschaffungskosten von Gebäude und Grundstück bei Kauf?
2. Ermitteln Sie bitte nachvollziehbar die Buchwerte für den 31.12.07 und den 31.12.08.

Ihr Lösungsvorschlag:

1.

Objekt	Kaufpreis/€	Nebenkosten/€	Anschaffungskosten/€

2.

Vorgang	Betrag/€

Lösung

1. Zunächst werden die Anschaffungsnebenkosten ermittelt:

Notarkosten	3.000,00 €
Grunderwerbsteuer	20.000,00 €
Grundbucheintragungskosten	2.000,00 €
Summe	**25.000,00 €**

Die Kosten für den Finanzmakler gehören zu den Finanzierungskosten und sind damit in den Betriebsausgaben zu berücksichtigen und **nicht** zu aktivieren.

Objekt	Kaufpreis/€	Nebenkosten/€	Anschaffungskosten/€
Grund und Boden (40 %)	200.000,00	10.000,00	210.000,00
Gebäude (60 %)	300.000,00	15.000,00	315.000,00
Gesamt	**500.000,00**	**25.000,00**	**525.000,00**

Die Anschaffungskosten des Grundstücks belaufen sich auf 200.000,00 EUR, die des Gebäudes auf 315.000,00 EUR.

2. Die Buchwerte für den 31.12.07 und den 31.12.08: Da das Gebäude erst im Mai 00 entgeltlich erworben wurde und Besitz, Nutzen und Lasten im gleichen Monat übergingen, wird pro rata temporis (zeitanteilig) abgeschrieben.

Vorgang	Betrag/€
Zugang Gebäude 12.05.00	315.000,00
./. AfA 00 (315.000,00 € × 3 % × 8/12)	./. 6.300,00
= Restbuchwert 31.12.00	= 308.700,00
./. AfA 01 (315.000,00 € × 3 %)	./. 9.450,00
= Restbuchwert 31.12.01	= 299.250,00
./. AfA 02 (315.000,00 € × 3 %)	./. 9.450,00
= Restbuchwert 31.12.02	= 289.800,00
./. AfA 03 (315.000,00 € × 3 %)	./. 9.450,00
= Restbuchwert 31.12.03	= 280.350,00
./. AfA 04 (315.000,00 € × 3 %)	./. 9.450,00
= Restbuchwert 31.12.04	= 270.900,00
./. AfA 05 (315.000,00 € × 3 %)	./. 9.450,00
= Restbuchwert 31.12.05	= 261.450,00
./. AfA 06 (315.000,00 € × 3 %)	./. 9.450,00
= Restbuchwert 31.12.06	= 252.000,00
./. AfA 07 (315.000,00 € × 3 %)	./. 9.450,00
= Restbuchwert 31.12.07	**= 242.550,00**
./. AfA 08 (315.000,00 € × 3 %)	./. 9.450,00
= Restbuchwert 31.12.08 (vor Wasserschaden)	= 233.100,00
./. AfA 08 außerplanmäßig (233.100,00 € ./. 200.000,00 €)	./. 33.100,00
= **Restbuchwert** (nach außerplanmäßiger Abschreibung)	**200.000,00**

▶ Die *außerplanmäßige Abschreibung* darf erst nach erfolgter planmäßiger Abschreibung durchgeführt werden.

2.4.2.6 Zuschreibung

Aufgabe

Unternehmer U erhält nach Installationsarbeiten und Restaurierungsarbeiten des Gebäudes aus vorheriger Aufgabe durch seinen Gutachter die schriftliche Benachrichtigung (Gutachten), dass das Gebäude nun wieder einen Wert in Höhe von 210.000,00 EUR hat.
Welcher Buchungssatz ist durch U zu bilden?

Ihr Lösungsvorschlag:

Nr.	Soll	Haben	Betrag/€	Text

Lösung

Folgender Buchungssatz kann gebildet werden:

Buchungsliste:

Nr.	Soll	Haben	Betrag/€	Text
1.	Geschäftsbauten	Erträge aus Zuschreibungen	10.000,00	Wertzuschreibung

Es darf keine Wertzuschreibung über den Wert der fortgeführten Anschaffungskosten (Restbuchwert) hinaus erfolgen. Es gilt das *Anschaffungskostenprinzip*.

2.4.3 Besondere Sachverhalte im Anlagevermögen

Im aktuellen Kapitel wird auf ausgewählte Sachverhalte im Anlagenbereich eingegangen.

2.4.3.1 Anzahlungen auf Anlagegüter

Aufgabe

Unternehmer U leistet am 05.04.00 auf seinen neuen betrieblichen Pkw eine Anzahlung in Höhe von 10.000,00 EUR zzgl. 19 % Umsatzsteuer per Bank. Eine umsatzsteuerlich korrekte Anzahlungsrechnung liegt vor. Der Kaufpreis lautet auf
100.000,00 EUR zzgl. 19 % Umsatzsteuer. Die Lieferung wird am 20.04.00 vom Lieferanten A ausgeführt. Die Schlussrechnung erhält U bei Lieferung. Er zahlt am gleichen Tag per Banküberweisung.

Welche Buchungssätze sind aus Sicht des U bei Anzahlung, Eingang der Rechnung und Schlusszahlung zu bilden?

Ihr Lösungsvorschlag:

Nr.	Soll	Haben	Betrag/€	Text
Buchung bei Anzahlung am 05.04.00:				
1.				
Buchung bei Eingang der Rechnung:				
2.				
Buchung der Korrektur der Anzahlung:				
3.				
Zahlung des Restbetrages:				
4.				

Lösung

Folgende Buchungssätze können gebildet werden:

Buchungsliste:

Nr.	Soll	Haben	Betrag/€	Text
Buchung bei Anzahlung am 05.04.00:				
1.	Geleistete Anzahlungen		10.000,00	Geleistete Anzahlung auf Pkw
	VoSt 19 %		1.900,00	Vorsteuer 19 %
		Bank	11.900,00	Anzahlung
Buchung bei Eingang der Rechnung:				
2.	Pkw		100.000,00	AK Pkw
	VoSt 19 %		19.000,00	Vorsteuer 19 %
		Kreditor A	119.000,00	Rechnung
Buchung der Korrektur der Anzahlung:				
3.	Kreditor A		11.900,00	Umbuchungsbetrag
		Geleistete Anzahlungen	10.000,00	Umbuchung Geleistete Anzahlung
		VoSt 19 %	1.900,00	Umbuchung Vorsteuer 19 %
Zahlung des Restbetrages:				
4.	Kreditor A	Bank	107.100,00	Zahlung

2.4.3.2   App

Aufgabe

Unternehmer U erhält vom Webdesigner W eine Rechnung hinsichtlich der Erstellung einer neuen App in Höhe von 1.190,00 EUR brutto, inklusive 19 % Umsatzsteuer.

Welcher Buchungssatz ist zu erstellen, wenn U die Rechnung nicht sofort begleicht?

Ihr Lösungsvorschlag:

Nr.	Soll	Haben	Betrag/€	Text

Lösung

Folgender Buchungssatz ist möglich:

Buchungsliste:

Nr.	Soll	Haben	Betrag/€	Text
	App		1.000,00	App
	VoSt 19 %		190,00	Vorsteuer 19 %
		Kreditor W	1.190,00	Eingangsrechnung W

2.4.3.3 Betriebsvorrichtung

Aufgabe

Unternehmer U lässt in seiner Kfz-Werkstatt eine zweite Hebebühne einbauen. Er stellt sich die Frage, ob es sich um eine sogenannte *Betriebsvorrichtung* handelt.
Können Sie U weiterhelfen?

Ihr Lösungsvorschlag:

Lösung

Eine *Betriebsvorrichtung* ist eng mit dem Gewerbebetrieb verknüpft und gehört zu den selbstständigen Gütern des Anlagevermögens (vgl. R 7.1 (3) EStR). Der Unternehmer kann ohne diese seine gewerbliche Tätigkeit nicht ausführen. Beispiele für Betriebsvorrichtungen sind: Lastenaufzüge, Belüftungsanlagen, Hebebühnen u. v. m.

U muss also vorgenannte Hebebühne als Anlagegut in der Bilanz aktivieren und über die Laufzeit der Nutzungsdauer linear abschreiben.

2.4.3.4 Derivativer Firmenwert

Beim Derivativen Firmenwert handelt es sich um einen entgeltlich erworbenen Firmenwert. Dieser beinhaltet eine Vielzahl von Faktoren, wie z. B. Kundenstamm, Logo, Firma, Infrastruktur, Geschäftsidee u. v. m.

Aufgabe

Unternehmer K erwirbt am 13.05.01 ein Unternehmen. Der Firmenwert (derivativ) beläuft sich auf 120.000,00 EUR. Die Nutzungsdauer wird voraussichtlich 5 Jahre betragen.

K möchte von Ihnen wissen, wie der derivative Firmenwert nach Handels- und nach Steuerrecht in der Bilanz (31.12.01) zu erfassen bzw. zu bewerten ist. Gehen Sie hierbei bitte auch auf die gesetzlichen Vorgaben ein.

Ihr Lösungsvorschlag:

Lösung

Handelsrechtliche Sichtweise

Der derivative Firmenwert wird *handelsrechtlich* auf 5 Jahre abgeschrieben (§ 253 HGB) [5]: 120.000,00 EUR / 5 Jahre = 24.000,00 EUR pro Jahr. Da das Unternehmen erst im Mai erworben wurde, ist hier pro rata temporis, also zeitanteilig, abzuschreiben. Der im Jahr 01 anzusetzende Abschreibungsbetrag wird wie folgt ermittelt: 24.000,00 EUR / 12 Monate × 8 Monate = 16.000,00 EUR. Der Buchwert des Firmenwertes beträgt am 31.12.01: 120.000,00 EUR ./. 16.000,00 EUR = 104.000,00 EUR

Steuerliche Sichtweise

Der derivative Firmenwert muss über einen Zeitraum von 15 Jahren abgeschrieben werden (§ 7 (1) EStG) [6]:

§ 7 – Absetzung für Abnutzung oder Substanzverringerung

1) [...] [3]Als betriebsgewöhnliche Nutzungsdauer des Geschäfts- oder Firmenwerts eines Gewerbebetriebs oder eines Betriebs der Land- und Forstwirtschaft gilt ein Zeitraum von 15 Jahren. [...] [6]

Der Abschreibungsbetrag ermittelt sich wie folgt: 120.000,00 EUR / 15 Jahre = 8.000,00 EUR. Im Jahr 01 muss zeitanteilig abgeschrieben werden: 8.000,00 EUR / 12 Monate × 8 Monate = 5.334,00 EUR (gerundet). Der Restbuchwert zum 31.12.01 beläuft sich auf 120.000,00 EUR ./. 5.334,00 EUR = 114.666,00 EUR.

Zusammenfassend dargestellt, ist zu erkennen, dass die steuerliche Abschreibung eines derivativen Firmenwerts (immaterieller Wert) niedriger ausfällt als die handelsrechtliche Wertminderung. Dies führt zu unterschiedlichen Bilanzansätzen in Handels- und Steuerbilanz.

	Handelsbilanz	Steuerbilanz
Firmenwert	120.000,00 €	120.000,00 €
./. Abschreibung	./. 16.000,00 €	./. 5.334,00 €
= Restbuchwert 31.12.01	104.000,00 €	114.666,00 €

2.4.3.5 Ladeneinbauten

Aufgabe

Unternehmer U möchte gerne von Ihnen wissen, was Sie über *Ladeneinbauten* wissen und wie diese buchhalterisch zu erfassen sind.

Ihr Lösungsvorschlag:

Lösung

Zu *Ladeneinbauten* gehören *selbstständige unbewegliche Güter des Anlagevermögens* wie beispielsweise Gaststätteneinbauten, Schaufensteranlagen, Schalterhallen von Kreditinstituten (vgl. R 4.2 (3) Satz 2 Nr. 3 EStR).

Ladeneinbauten sind selbstständig zu bewerten und vom Gebäude abzugrenzen. Sie werden aktiviert und im Rahmen der Folgebewertung planmäßig abgeschrieben. Die Abschreibung erfolgt linear (§ 7 (5a) EStG) [6], in der Regel (nach Vorgaben der AfA-Tabelle) über eine Nutzungsdauer von 8, in besonderen Fällen 10 Jahren.

2.4.3.6 Monitore (PC)

Aufgabe

Unternehmer kauft einen neuen Monitor für 238,00 EUR (brutto, inklusive 19 % Umsatzsteuer). Er zahlt die Rechnung bar.

Welcher Buchungssatz ist zu bilden, wenn der Monitor nur in Zusammenhang mit einem PC seiner Funktion nach nutzbar ist?

Ihr Lösungsvorschlag:

Nr.	Soll	Haben	Betrag/€	Text

Lösung

Folgender Buchungssatz ist möglich:

Buchungsliste:

Nr.	Soll	Haben	Betrag/€	Text
	Betriebs- und Geschäftsausstattung		200,00	Monitor
	VoSt 19 %		38,00	Vorsteuer 19 %
		Kasse	238,00	Barzahlung Monitor

2.4.3.7   Nachträgliche Anschaffungskosten

Aufgabe

Unternehmer erwarb im am 12.01.01 einen Pkw zu einem Bruttopreis in Höhe von 35.700,00 EUR. Die Nutzungsdauer beläuft sich nach AfA-Tabelle auf 6 Jahre. Im Februar 02 lässt er sich nachträglich eine Anhängerkupplung in Höhe von 1.000,00 EUR netto an das Auto anbringen.

Welcher Buchwert ergibt sich zum 31.12.01 und zum 31.12.02?

Ihr Lösungsvorschlag:

Lösung

Bei der Anbringung der Anhängerkupplung handelt es sich um *nachträgliche Anschaffungskosten*, welche so behandelt werden, als wären diese zu Beginn des Jahres angefallen (R 7.4 (9) EStR). Sie werden dem Restbuchwert vom 01.01.02 hinzugerechnet und über die verbleibende Restlaufzeit verteilt. (*Hinweis:* Voraussetzung für diese Vorgehensweise ist, dass die nachträglichen Anschaffungskosten die Nutzungsdauer eines abnutzbaren Gutes nicht verlängert. Ansonsten würde über die verlängerte Nutzungsdauer abgeschrieben.) In der vorliegenden Aufgabe verbleibt es jedoch bei der Nutzungsdauer von 6 Jahren.

Vorgang	Betrag/€
Zugang Pkw 12.01.01	30.000,00
./. AfA 01 (30.000,00 € / 6 Jahre)	./. 5.000,00
= Restbuchwert 31.12.01	= 25.000,00
+ nachträgliche Anschaffungskosten (Anhängerkupplung)	+ 1.000,00
= neue AfA-Bemessungsgrundlage 01.01.02	= 26.0000,00
./. AfA 02 (26.000,00 € / 5 Jahre)	./. 5.200,00
= Restbuchwert 31.12.02	= 20.800,00

Durch die Hinzurechnung der nachträglichen Anschaffungskosten wird eine zweite Abschreibungsreihe vermieden.

2.4.3.8 Scheinbestandteile

Aufgabe

Unternehmer U mietet für 5 Jahre ein Gebäude zur Durchführung eines bestimmten Projektes. Die großen Räume unterteilt durch *Einbau von Trennwänden*.

U möchte gerne von Ihnen wissen, ob es sich hierbei um Scheinbestandteile handelt. Falls ja, was macht ein Scheinbestandteil aus?

Ihr Lösungsvorschlag:

Lösung

U hat durch den Einbau der Trennwände *Scheinbestandteile* in seiner Bilanz zu aktivieren.

Scheinbestandteile werden nur zu einem *vorübergehenden Zweck* installiert bzw. im vorliegenden Beispiel in das Gebäude eingebaut. Der Mieter – hier Unternehmer U – ist *wirtschaftlicher Eigentümer* im Sinne des § 39 AO [7] und gleichzeitig auch *rechtlicher Eigentümer* dieser Trennwände, die nicht Bestandteil des Gebäudes werden:

§ 95 BGB – Nur vorübergehender Zweck

[…] (2) Sachen, die nur zu einem vorübergehenden Zweck in ein Gebäude eingefügt sind, gehören nicht zu den Bestandteilen des Gebäudes. [8]

Darüber hinaus sind die Trennwände nach Abbau – nach Ablauf des Mietvertrages – weiterhin als solche nutzbar und es ist davon auszugehen, dass U diese Scheinbestandteile auch ausbauen und ggf. an anderer Stelle in ihrer Funktion nach wiederverwenden wird.

2.4.4 Preisnachlässe

In diesem Abschnitt werden die gängigen Preisnachlässe in Form von Rabatten, Boni und Skonti betrachtet.

2.4.4.1 Rabatt bei Kauf von Anlagegütern

Aufgabe

Unternehmer U kauft am 11.11.00 einen betrieblichen Pkw für brutto 59.500,00 EUR (inkl. 19 % USt), welcher im Anlagevermögen erfasst wird. U erhält vom Lieferanten A einen *Rabatt* in Höhe von 5 %, da U seit vielen Jahren treuer Kunde des Autohauses A ist.

Was ist ein Rabatt und wie muss U diesen in seiner Buchhaltung erfassen?

Ihr Lösungsvorschlag:

Buchungsliste:

Nr.	Soll	Haben	Betrag/€	Text

Lösung

Der Rabatt ist ein sofort abzugsfähiger Preisnachlass, der nicht separat in der Buchhaltung erfasst werden muss. Er darf direkt vom Anschaffungswert in Abzug gebracht werden.

Buchungsliste:

Nr.	Soll	Haben	Betrag/€	Text
	Pkw		47.500,00	Kauf
	VoSt 19 %		9.025,00	Vorsteuer 19 %
		Verb.aLuL	56.525,00	Rechnungspreis

2.4.4.2   Bonus bei Kauf von Anlagegütern

Aufgabe

Unternehmer U kauft am 11.11.00 einen betrieblichen Pkw für brutto 59.500,00 EUR (inkl. 19 % USt), welcher im Anlagevermögen erfasst wird. Die Zahlung des Rechnungsbetrages erfolgte am 20.12.00. Am 12.12.00 erhält U vom Lieferanten A eine *Bonusgutschrift* in Höhe von 3 %, da er mittlerweile den 10. Pkw bei A gekauft hat.

Was ist ein Bonus und wie muss U die Bonusgutschrift in seiner Buchhaltung erfassen?

Ihr Lösungsvorschlag:

Buchungsliste:

Nr.	Soll	Haben	Betrag/€	Text
1.				

Lösung

Ein Bonus ist ein nachträglich gewährter Preisnachlass, der im Nachhinein (also nach erfolgter Durchführung eines Kaufgeschäftes) durch den Lieferanten gewährt wird.

Grundsätzlich ist folgende Buchung für den erhaltenen Bonus vorgesehen:

Buchungsliste:

Nr.	Soll	Haben	Betrag/€	Text
1.	Kreditor A		1.785,00	Bruttorabatt
		Erhaltener Bonus 19 % bzw. Pkw (da Kauf Anlagegut)	1.500,00	
		VoSt 19 %	285,00	

2.4.4.3   Skontoabzug bei Kauf von Anlagegütern

Aufgabe

Unternehmer U kauft einen betrieblichen Pkw für brutto 59.500,00 EUR (inkl. 19 % USt), welcher im Anlagevermögen erfasst wird. Der Autohändler gibt U die Zusage, dass dieser bei rechtzeitiger Zahlung des Rechnungspreises einen Skontoabzug in Höhe von 2 % vornehmen darf.

Welche Buchungssätze sind zu bilden bei 1) Kauf und bei 2) fristgemäßer Zahlung des Rechnungsbetrages?

Ihr Lösungsvorschlag:

Buchungsliste:

Nr.	Soll	Haben	Betrag/€	Text
1.				
2.				

Lösung

Folgende Buchungssätze sind denkbar:

Buchungsliste:

Nr.	Soll	Haben	Betrag/€	Text
1.	Pkw		50.000,00	Kauf Pkw
	VoSt 19 %		9.500,00	Vorsteuer 19 %
		Kreditor	59.500,00	Verb. Autokauf
2.	Kreditor		59.500,00	Ausgleich
		Pkw	1.000,00	2 % von 50.000,00 €
		VoSt 19 %	190,00	2 % von 950,00 €
		Bank	58.310,00	98 % von 59.500,00 € Zahlung

2.5 Umlaufvermögen

Bestandteil dieses Kapitels sind ausgewählte Positionen des Umlaufvermögens.

2.5.1 Lagerbestandsveränderungen

In diesem Abschnitt werden Veränderungen des Lagerbestandes bei fertigen und unfertigen Erzeugnissen, Waren und Roh-/Hilfs-/Betriebsstoffe betrachtet.

2.5.1.1 Warenlager (Bestandserhöhung)

Aufgabe

U hat am Neujahrstag eine Inventur durchgeführt. Am 02.01.01 gibt er seiner Buchhalterin B den Auftrag, die ermittelte Änderung im Warenlager auf T-Konten zu erfassen und die erforderlichen Buchungssätze auf den 31.12.00 zu bilden. Sämtliche übrigen Buchungssätze sind korrekt erfasst.

U gibt der Buchhalterin B hierzu folgende Daten:

- Anfangsbestand Warenlager (01.01.00): 45.200,00 EUR
- Endbestand Warenlager (31.12.00): 47.350,00 EUR

Es wurden im Jahr 00 Waren im Werte von 5.100,00 EUR netto eingekauft. Dieser Betrag ist auf dem Erfolgskonto Wareneingang aufsummiert auf der Sollseite ausgewiesen.

1. Bilden Sie bitte vorgenannten Sachverhalt auf den nachfolgenden *T-Konten* ab. Im Anschluss sind die Konten „Bestand Waren" und „Wareneingang" korrekt abzuschließen.

Ihr Lösungsvorschlag:

T-Konten:

S	Wareneingang	H		S	Bestand Waren	H
Zug. 5.100,00 €						

S	GuV	H		S	SBK	H

2. Was ist der *Wareneinsatz* und wie hoch ist dieser im vorliegenden Beispiel?

Ihr Lösungsvorschlag:

---

3. Bilden Sie bitte den Buchungssatz zur *Warenbestandsveränderung*.

Ihr Lösungsvorschlag:

Buchungsliste:

Nr.	Soll	Haben	Betrag/€	Text
1.				

Lösung

1. **T-Konten:**

S	Wareneingang	H		S	Bestand Waren	H
Zug. 5.100,00 €	BV	2.150,00 €		AB 45.200,00 €	SBK	47.350,00 €
	GuV	2.950,00 €		BV 2.150,00 €		
5.100,00 €		5.100,00 €		47.350,00 €		47.350,00 €

S	GuV	H		S	SBK	H
Waren- 2.950,00 € eing.	...			Best. 47.350,00 € Waren		

2. Unter *Wareneinsatz* versteht man den Wert der zum Verkauf eingesetzten Ware; in unserem Beispiel also 2.950,00 EUR.

3. **Buchungsliste:**

Nr.	Soll	Haben	Betrag/€	Text
1.	Bestand Waren	Wareneingang	2.950,00	Bestandsveränderung Waren

2.5.1.2 Warenlager (Bestandsminderung)

Aufgabe

U hat am Neujahrstag eine Inventur durchgeführt. Am 02.01.01 gibt er seiner Buchhalterin B den Auftrag, die ermittelte Änderung im Warenlager auf T-Konten zu erfassen und die erforderlichen Buchungssätze auf den 31.12.00 zu bilden. Sämtliche übrigen Buchungssätze sind korrekt erfasst.

U gibt der Buchhalterin B hierzu folgende Daten:

– Anfangsbestand Warenlager (01.01.00): 45.200,00 EUR
– Endbestand Warenlager (31.12.00): 33.220,00 EUR

Es wurden im Jahr 00 Waren im Werte von 5.100,00 EUR netto eingekauft. Dieser Betrag ist auf dem Erfolgskonto Wareneingang aufsummiert auf der Sollseite ausgewiesen.

1. Bilden Sie bitte vorgenannten Sachverhalt auf den nachfolgenden *T-Konten* ab. Im Anschluss sind *die Konten „Bestand Waren" und „Wareneingang" korrekt abzuschließen.*

Ihr Lösungsvorschlag:

T-Konten:

S	Wareneingang	H		S	Bestand Waren	H
Zug.	5.100,00 €					

S	GuV	H		S	SBK	H

2. Was ist der *Wareneinsatz* und wie hoch ist dieser im vorliegenden Beispiel?

Ihr Lösungsvorschlag:

3. Bilden Sie bitte den Buchungssatz zur *Warenbestandsveränderung*.

Ihr Lösungsvorschlag:

Buchungsliste:

Nr.	Soll	Haben	Betrag/€	Text
1.				

Lösung

1. T-Konten:

S	Wareneingang		H		S	Bestand Waren		H
Zug.	5.100,00 €	GuV	17.080,00 €		AB	45.200,00 €	SBK	33.220,00 €
BV	11.980,00 €						BV	11.980,00 €
	17.080,00 €		17.080,00 €			45.200,00 €		45.200,00 €

S	GuV		H		S	SBK		H
Waren-eing.	17.080,00 €		...		Best. Waren	33.220,00 €		

2. Unter *Wareneinsatz* versteht man den Wert der zum Verkauf eingesetzten Ware; in unserem Beispiel also 17.080,00 EUR.

3. Buchungsliste:

Nr.	Soll	Haben	Betrag/€	Text
1.	Wareneingang	Bestand Waren	11.980,00	Bestandsveränderung Waren

2.5.1.3 Unfertige Erzeugnisse (Bestandserhöhung)

Erzeugnisse unterscheiden sich von Handelswaren dadurch, dass sie vom Unternehmer selbst produziert wurden, während die Handelsware von fremden Dritten gekauft wurden, um sie im Anschluss weiterzuverkaufen.

Bei den Erzeugnissen unterscheidet man zwischen *fertigen* (ihrer Funktion nach nutzbaren) Gütern, die noch nicht veräußert wurden und *unfertigen Gütern* (diese sind zum Bilanzstichtag noch nicht ihrer Funktion nach nutzbar, da sie noch nicht fertiggestellt wurden).

Da in beiden Fällen (Umlauf-) Vermögen vorliegt, ist eine Bewertung im Rahmen des strengen Niederstwertprinzips zum Bilanzstichtag erforderlich.

Aufgabe

U hat am Neujahrstag eine Inventur durchgeführt. Am 02.01.01 gibt er seiner Buchhalterin B den Auftrag, die ermittelte Änderung im Lager der *unfertigen Erzeugnisse* auf T-Konten zu erfassen und die erforderlichen Buchungssätze auf den 31.12.00 zu bilden. Sämtliche übrigen Buchungssätze sind korrekt erfasst.

U gibt der Buchhalterin B hierzu folgende Daten:

– Anfangsbestand Lager (01.01.00): 30.200,00 EUR
– Endbestand Lager (31.12.00): 31.225,00 EUR

Bilden Sie bitte vorgenannten Sachverhalt auf den nachfolgenden *T-Konten* ab. Im Anschluss sind die Konten *„Unfertige Erzeugnisse"* und *„Bestandsveränderung Unfertige Erzeugnisse"* korrekt über das Schlussbilanzkonto (SBK) und der Gewinn- und Verlustrechnung (GuV) abzuschließen.

Ihr Lösungsvorschlag:

T-Konten:

S	Unfertige Erzeugnisse	H		S	Bestandsveränderungen Unfertige Erzeugnisse	H

S	SBK	H		S	GuV	H

Lösung

Folgende Darstellung des Sachverhaltes ist möglich:

T-Konten:

S	Unfertige Erzeugnisse		H		S	Bestandsveränderungen Unfertige Erzeugnisse		H
AB	30.200,00 €	SBK	31.225,00 €		GuV	1.025,00 €	BV	1.025,00 €
BV	1.025,00 €							
	31.225,00 €		31.225,00 €			1.025,00 €		1.025,00 €

S	SBK		H		S	GuV		H
SBK	31.225,00 €						BV	1.025,00 €

Durch die Erhöhung des Lagerbestands wird auch der Ertrag erhöht, der in der Gewinn- und Verlustrechnung auf der Habenseite in Höhe von 1.025,00 EUR ausgewiesen wird.

2.5.1.4   Unfertige Erzeugnisse (Bestandsminderung)

Aufgabe

U hat am Neujahrstag eine Inventur durchgeführt. Am 02.01.01 gibt er seiner Buchhalterin B den Auftrag, die ermittelte Änderung im Lager der *unfertigen Erzeugnisse* auf T-Konten zu erfassen und die erforderlichen Buchungssätze auf den 31.12.00 zu bilden. Sämtliche übrigen Buchungssätze sind korrekt erfasst.
U gibt der Buchhalterin B hierzu folgende Daten:

- Anfangsbestand Lager (01.01.00): 31.300,00 EUR
- Endbestand Lager (31.12.00): 25.290,00 EUR

Bilden Sie bitte vorgenannten Sachverhalt auf den nachfolgenden *T-Konten* ab. Im Anschluss sind die Konten „*Unfertige Erzeugnisse*" und „*Bestandsveränderung Unfertige Erzeugnisse*" korrekt über das Schlussbilanzkonto (SBK) und der Gewinn- und Verlustrechnung (GuV) abzuschließen.

Ihr Lösungsvorschlag:

T-Konten:

S	Unfertige Erzeugnisse	H	S	Bestandsveränderungen Unfertige Erzeugnisse	H

S	SBK	H	S	GuV	H

Lösung

Folgende Darstellung des Sachverhaltes ist möglich:

T-Konten:

S	Unfertige Erzeugnisse		H		S	Bestandsveränderungen Unfertige Erzeugnisse		H
AB	31.300,00 €	SBK	25.290,00 €		BV	6.010,00 €	GuV	6.010,00 €
		BV	6.010,00 €					
	31.300,00 €		31.300,00 €			6.010,00 €		6.010,00 €

S	SBK		H		S	GuV		H
SBK	25.290,00 €				BV	6.010,00 €		

Durch den Abbau des Lagerbestands wird ein Aufwand (Verlust) generiert, der in der Gewinn- und Verlustrechnung auf der Sollseite in Höhe von 6.010,00 EUR ausgewiesen wird.

2.5.1.5 Fertige Erzeugnisse (Bestandserhöhung)

Fertige Erzeugnisse sind am Bilanzstichtag noch nicht veräußerte, selbst erstellte Güter, die im Rahmen des strengen Niederstwertprinzips zu bewerten sind.

Aufgabe

U hat am Neujahrstag eine Inventur durchgeführt. Am 02.01.01 gibt er seiner Buchhalterin B den Auftrag, die ermittelte Änderung im Lager der *fertigen Erzeugnisse* auf T-Konten zu erfassen und die erforderlichen Buchungssätze auf den 31.12.00 zu bilden. Sämtliche übrigen Buchungssätze sind korrekt erfasst.

U gibt der Buchhalterin B hierzu folgende Daten:

- Anfangsbestand Lager (01.01.00): 35.280,00 EUR
- Endbestand Lager (31.12.00): 38.730,00 EUR

Bilden Sie bitte vorgenannten Sachverhalt auf den nachfolgenden *T-Konten* ab. Im Anschluss sind die Konten „*Fertige Erzeugnisse*" und „*Bestandsveränderung Fertige Erzeugnisse*" korrekt über das Schlussbilanzkonto (SBK) und der Gewinn- und Verlustrechnung (GuV) abzuschließen.

Ihr Lösungsvorschlag:

T-Konten:

S	Fertige Erzeugnisse	H		S	Bestandsveränderungen Fertige Erzeugnisse	H

S	SBK	H		S	GuV	H

Lösung

Folgende Darstellung des Sachverhaltes ist möglich:

T-Konten:

S	Fertige Erzeugnisse		H		S	Bestandsveränderungen Fertige Erzeugnisse		H
AB	35.280,00 €	SBK	38.730,00 €		GuV	3.450,00 €	BV	3.450,00 €
BV	3.450,00 €							
	38.730,00 €		38.730,00 €			3.450,00 €		3.450,00 €

S	SBK		H		S	GuV		H
SBK	38.730,00 €						BV	3.450,00 €

Durch den Aufbau des Lagerbestandes wird ein Ertrag (Gewinn) generiert, der in der Gewinn- und Verlustrechnung auf der Habenseite in Höhe von 3.450,00 EUR ausgewiesen wird.

2.5.1.6　Fertige Erzeugnisse (Bestandsminderung)

Fertige Erzeugnisse sind am Bilanzstichtag noch nicht veräußerte, selbst erstellte Güter, die im Rahmen des strengen Niederstwertprinzips zu bewerten sind.

Aufgabe

U hat am Neujahrstag eine Inventur durchgeführt. Am 02.01.01 gibt er seiner Buchhalterin B den Auftrag, die ermittelte Änderung im Lager der *fertigen Erzeugnisse* auf T-Konten zu erfassen und die erforderlichen Buchungssätze auf den 31.12.00 zu bilden. Sämtliche übrigen Buchungssätze sind korrekt erfasst.

U gibt der Buchhalterin B hierzu folgende Daten:

- Anfangsbestand Lager (01.01.00): 35.280,00 EUR
- Endbestand Lager (31.12.00): 31.253,00 EUR

Bilden Sie bitte vorgenannten Sachverhalt auf den nachfolgenden *T-Konten* ab. Im Anschluss sind die Konten *„Fertige Erzeugnisse"* und *„Bestandsveränderung Fertige Erzeugnisse"* korrekt über das Schlussbilanzkonto (SBK) und der Gewinn- und Verlustrechnung (GuV) abzuschließen.

Ihr Lösungsvorschlag:

T-Konten:

S	Fertige Erzeugnisse	H

S	Bestandsveränderungen Fertige Erzeugnisse	H

S	SBK	H

S	GuV	H

Lösung

Folgende Darstellung des Sachverhaltes ist möglich:

T-Konten:

S	Fertige Erzeugnisse			H
AB	35.280,00 €	SBK	31.253,00 €	
		BV	4.027,00 €	
	35.280,00 €		35.280,00 €	

S	Bestandsveränderungen Fertige Erzeugnisse			H
BV	4.027,00 €	GuV	4.027,00 €	
	4.027,00 €		4.027,00 €	

S	SBK	H	S	GuV	H
SBK 31.253,00 €			BV 4.027,00 €		

Durch den Abbau des Lagerbestandes wird ein Aufwand (Verlust) generiert, der in der Gewinn- und Verlustrechnung auf der Sollseite in Höhe von 4.027,00 EUR ausgewiesen wird.

2.5.1.7 Roh-, Hilfs- und Betriebsstoffe (Bestandserhöhung)

Roh-, Hilfs- und Betriebsstoffe werden in Industrieunternehmen benötigt, um Erzeugnisse herzustellen, um diese z. B. im Anschluss zu verkaufen. Um produktionsfähig zu sein, ist es häufig erforderlich einen gewissen Lagerbestand an Roh-, Hilfs- und Betriebsstoffen vorzuhalten. Diese gehören wie die Erzeugnisse und Waren zu den Vorräten. Vorratsvermögen wird, da es zum Umlaufvermögen zählt, stets nach dem strengen Niederstwertprinzip bewertet.

- Beispiele für *Rohstoffe*: Gold, Platin, Holz
- Beispiele für *Hilfsstoffe* (sind kein wesentlicher Bestandteil des Erzeugnisses, gehen aber in diese bei Produktion mit ein): Lacke, Schrauben, Nägel
- Beispiele für *Betriebsstoffe* (gehen bei der Produktion nicht in das Erzeugnis mit ein, werden aber zum Zwecke der Produktion benötigt): Schmierstoffe, Energie, Reinigungsmittel

Aufgabe

U hat am Neujahrstag eine Inventur durchgeführt. Am 02.01.01 gibt er seiner Buchhalterin B den Auftrag, die ermittelte Änderung im Lager der *Roh-, Hilfs- und Betriebsstoffe (RHB-Stoffe)* auf T-Konten zu erfassen und die erforderlichen Buchungssätze auf den 31.12.00 zu bilden. Sämtliche übrigen Buchungssätze sind korrekt erfasst.

U gibt der Buchhalterin B hierzu folgende Daten:

- Anfangsbestand Lager (01.01.00): 37.280,00 EUR
- Endbestand Lager (31.12.00): 39.200,00 EUR

Bilden Sie bitte vorgenannten Sachverhalt auf den nachfolgenden *T-Konten* ab. Im Anschluss sind die Konten „*Roh-, Hilfs- und Betriebsstoffe*" und „*Bestandsveränderung Roh-, Hilfs- und Betriebsstoffe*" korrekt über das Schlussbilanzkonto (SBK) und der Gewinn- und Verlustrechnung (GuV) abzuschließen.

Ihr Lösungsvorschlag:

T-Konten:

S	Roh-, Hilfs- und Betriebsstoffe	H		S	Bestandsveränderungen Roh-, Hilfs- u. Betriebsstoffe	H

S	SBK	H		S	GuV	H

Lösung

Folgende Darstellung des Sachverhaltes ist möglich:

T-Konten:

S	Roh-, Hilfs- und Betriebsstoffe		H		S	Bestandsveränderungen Roh-, Hilfs- u. Betriebsstoffe		H
AB	37.280,00 €	SBK	39.200,00 €		GuV	1.920,00 €	BV	1.920,00 €
BV	1.920,00 €							
	39.200,00 €		39.200,00 €			1.920,00 €		1.920,00 €

S	SBK		H		S	GuV		H
SBK	39.200,00 €						BV	1.920,00 €

Durch den Aufbau des Lagerbestandes wird ein Ertrag (Gewinn) generiert, der in der Gewinn- und Verlustrechnung auf der Habenseite in Höhe von 1.920,00 EUR ausgewiesen wird.

2.5.1.8 Roh-, Hilfs- und Betriebsstoffe (Bestandsminderung)

Aufgabe

U hat am Neujahrstag eine Inventur durchgeführt. Am 02.01.01 gibt er seiner Buchhalterin B den Auftrag, die ermittelte Änderung im Lager der *Roh-, Hilfs- und Betriebsstoffe (RHB-Stoffe)* auf T-Konten zu erfassen und die erforderlichen Buchungssätze auf den 31.12.00 zu bilden. Sämtliche übrigen Buchungssätze sind korrekt erfasst.

U gibt der Buchhalterin B hierzu folgende Daten:

- Anfangsbestand Lager (01.01.00): 37.250,00 EUR
- Endbestand Lager (31.12.00): 29.110,00 EUR

Bilden Sie bitte vorgenannten Sachverhalt auf den nachfolgenden *T-Konten* ab. Im Anschluss sind die Konten *„Roh-, Hilfs- und Betriebsstoffe"* und *„Bestandsverände-rung Roh-, Hilfs- und Betriebsstoffe"* korrekt über das Schlussbilanzkonto (SBK) und der Gewinn- und Verlustrechnung (GuV) abzuschließen.

Ihr Lösungsvorschlag:

T-Konten:

S	Roh-, Hilfs- und Betriebsstoffe	H		S	Bestandsveränderungen Roh-, Hilfs- u. Betriebsstoffe	H

S	SBK	H		S	GuV	H

Lösung

Folgende Darstellung des Sachverhaltes ist möglich:

T-Konten:

S	Roh-, Hilfs- und Betriebsstoffe		H		S	Bestandsveränderungen Roh-, Hilfs- u. Betriebsstoffe		H
AB	37.250,00 €	SBK	29.110,00 €		BV	8.140,00 €	GuV	8.140,00 €
		BV	8.140,00 €					
	37.250,00 €		39.200,00 €			8.140,00 €		8.140,00 €

S	SBK		H		S	GuV		H
SBK	29.110,00 €				BV	8.140,00 €		

Durch den Abbau des Lagerbestandes wird ein Aufwand (Verlust) generiert, der in der Gewinn- und Verlustrechnung auf der Sollseite in Höhe von 8.140,00 EUR ausgewiesen wird.

2.5.1.9 Verbrauchsfolgeverfahren

Aufgabe

Unternehmer U (bilanzierender Einzelunternehmer) möchte den Warenbestand an Lager zum 31.12.01 bewerten. Er trägt folgende Daten zusammen:

Anfangsbestand: 01.01.01	0 kg
Zugang am 15.02.01	24.000 kg × 27,80 €/kg
Zugang am 13.06.01	15.000 kg × 28,00 €/kg
Zugang am 14.07.01	10.000 kg × 28,30 €/kg

Der Endbestand zum 31.12.01 beläuft sich laut durchgeführter Inventur auf 13.000 kg.

Ermitteln Sie bitte zum 31.12.01 (unter Berücksichtigung der vorgenannten Daten) rechnerisch nachvollziehbar den bilanziellen Wertansatz nach folgenden Verbrauchsfolgeverfahren:

a) LiFo
b) FiFo

Ihr Lösungsvorschlag: „LiFo"

Ihr Lösungsvorschlag: „LiFo"

Lösung

a) LiFo

Last in First out beinhaltet die Vorgehensweise, dass zuletzt gekaufte Ware zuerst veräußert wird.

10.000 kg × 28,30 €/kg	283.000,00 €
3.000 kg × 28,00 €/kg	84.000,00 €
Summe	367.000,00 €

Der Wert des Warenbestandes – bewertet nach der Lifo-Methode – beläuft sich auf 367.000,00 €, sofern der Marktpreis am Bilanzstichtag nicht niedriger ist. Wäre er niedriger, müsste dieser für die Bewertung des Warenbestandes

b) FiFo

First in First out beinhaltet die Vorgehensweise, dass zuerst gekaufte Ware auch zuerst veräußert wird.

13.000 kg × 27,80 €/kg	361.400,00 €
Summe	361.400,00 €

Der Wert des Warenbestandes – bewertet nach der Fifo-Methode – beläuft sich auf 361.400,00 €, sofern der Marktpreis am Bilanzstichtag nicht niedriger ist. Wäre er niedriger, müsste dieser für die Bewertung des Warenbestandes herangezogen werden (*strenges Niederstwertprinzip*).

2.5.1.10 Methode des gewogenen Durchschnitts

Aufgabe

Unternehmer U (bilanzierender Einzelunternehmer) möchte den Warenbestand an Lager zum 31.12.01 bewerten. Er trägt folgende Daten zusammen:

Anfangsbestand: 01.01.01	0 kg
Zugang am 15.02.01	24.000 kg × 27,80 €/kg
Zugang am 13.06.01	15.000 kg × 28,00 €/kg
Zugang am 14.07.01	10.000 kg × 28,30 €/kg

Der Endbestand zum 31.12.01 beläuft sich laut durchgeführter Inventur auf 13.000 kg.

Ermitteln Sie bitte zum 31.12.01 (unter Berücksichtigung der vorgenannten Daten) rechnerisch nachvollziehbar den bilanziellen Wertansatz nach der *Methode des gewogenen Durchschnitts*

Ihr Lösungsvorschlag:

Lösung

Folgender Lösungsweg ist denkbar: Die *Methode des gewogenen Durchschnitts* beinhaltet die Vorgehensweise, dass zunächst der Durchschnittswert pro Einheit aus den gewichteten Zugängen ermittelt wird und im Anschluss der Endbestand mit dem Durchschnittswert pro Einheit multipliziert wird.

Zugang am 15.02.01	24.000 kg × 27,80 €/kg = 667.200,00 €
Zugang am 13.06.01	15.000 kg × 28,00 €/kg = 420.000,00 €
Zugang am 14.07.01	10.000 kg × 28,30 €/kg = 283.000,00 €
Summe	**1.370.200,00 €**
Wert pro Einheit: 1.370.200,00 € / 49.000 kg =	**27,96 €/kg**
Wert des Warenbestandes am 31.12.01: 13.000 kg × 27,96 €/kg	**363.480,00 €**

Der Wert des Warenbestandes – bewertet nach der Methode des gewogenen Durchschnitts – beläuft sich auf 363.480,00 €, sofern der Marktpreis am Bilanzstichtag nicht niedriger ist. Wäre er niedriger, müsste dieser für die Bewertung des Warenbestandes herangezogen werden (*strenges Niederstwertprinzip*).

2.5.2 Forderungsbewertung

Grundsätzlich unterscheidet man hinsichtlich der Forderungsbewertung zwischen einwandfreien, zweifelhaften und uneinbringlichen Forderungen. Die nachfolgenden Beispiele zeigen auf, wie diese Forderungen in der jeweiligen Kategorie theoretisch gebucht werden können.

2.5.2.1 Einwandfreie Forderungen

Aufgabe

Unternehmer U verkauft dem Kunden K eine Handelsware für 1.000,00 EUR zzgl. 19 % Umsatzsteuer. Eine Zahlung ist noch nicht erfolgt.

Welcher Buchungssatz ist zu bilden?

Ihr Lösungsvorschlag:

Nr.	Soll	Haben	Betrag/€	Text

Lösung

Folgender Buchungssatz kann gebildet werden:

Buchungsliste:

Nr.	Soll	Haben	Betrag/€	Text
	Debitor K		1.190,00	Forderung Kunde K
		Erlöse 19 %	1.000,00	Erlöse 19 %
		USt 19 %	190,00	Umsatzsteuer 19 %

2.5.2.2 Zweifelhafte Forderungen (mit Einzelwertberichtigung)

Aufgabe

Unternehmer U erhält vom Kunden K den Hinweis, dass er die Forderung in Höhe von 1.190,00 EUR wahrscheinlich nur zu 70 % zahlen kann. Die Forderung wurde bereits korrekt gebucht.

Welche Buchungssätze sind zu bilden?

Ihr Lösungsvorschlag:

Nr.	Soll	Haben	Betrag/€	Text
1.				
2.				

Eine Korrektur der Umsatzsteuer erfolgt zu diesem Zeitpunkt noch **nicht**, da noch kein endgültiger Forderungsausfall stattgefunden hat.

Lösung

Folgende Buchungssätze können gebildet werden.

Buchungsliste:

Nr.	Soll	Haben	Betrag/€	Text
1.	Zweifelhafte Forderung	Debitor K	1.190,00	Zweifelhafte Forderung
2.	Einstellung in die Einzelwertberichtigung	Einzelwertberichtigung	300,00	Einzelwertberichtigung (30 % von 1.000,00 €)

2.5.2.3   Uneinbringliche Forderungen

Aufgabe

Unternehmer U erfährt vom Kunden K, dass dieser den Rechnungsbetrag in Höhe von 1.190,00 EUR (brutto, inkl. 19 % Umsatzsteuer) nun endgültig nicht zahlen kann. Die Forderung wurde insgesamt auf das Konto Zweifelhafte Forderungen gebucht. Die erfolgte Einzelwertberichtigung wird am Jahresende angepasst und bei dieser Aufgabe nicht weiter berücksichtigt. Die Umsatzsteuer wird korrigiert.

Welche Buchungssätze sind zu bilden?

Ihr Lösungsvorschlag:

Nr.	Soll	Haben	Betrag/€	Text
1.				
2.				

Lösung

Buchungsliste:

Nr.	Soll	Haben	Betrag/€	Text
1.	Forderungsverluste	Zweifelhafte Forderung	1.000,00	Abschreibung Forderung Debitor K
2.	USt 19 %	Zweifelhafte Forderungen	190,00	Korrektur Umsatzsteuer 19 %

2.5.2.4   Pauschalwertberichtigung (ohne uneinbringliche Forderungen)

Aufgabe

Unternehmer U verfügt Ende des Jahres 00 über einen Forderungsbestand (brutto) in Höhe von 120.000,00 EUR. Hiervon sind 2.500,00 EUR (brutto, inkl. 19 % Umsatzsteuer) zweifelhaft. Uneinbringliche Forderungen sind nicht vorhanden.

U möchte von Ihnen wissen, wie hoch die *Pauschalwertberichtigung* für das Jahr 00 gebildet werden soll, wenn die Berichtigung aufgrund der Erfahrungswerte in der eigenen Buchführung 1 % betragen soll?

Wie lautet der erforderliche Buchungssatz für Bildung der Pauschalwertberichtigung, wenn davon auszugehen ist, dass bisher noch keine Pauschalwertberichtigung gebucht wurde?

Ihr Lösungsvorschlag:

Lösung

Folgende Berechnung ist möglich:

	Forderungsbestand (brutto, inklusive 19 % Umsatzsteuer)	120.000,00 €
./.	Zweifelhafte Forderungen (brutto, inklusive 19 % Umsatzsteuer)	2.500,00 €
=	Zwischensumme (brutto, inklusive 19 % Umsatzsteuer)	117.500,00 €
./.	19 % Umsatzsteuer (117.500,00 € × 19/119)	18.760,50 €
=	Forderungen (netto, vermeintlich sicherer Zahlungseingang)	98.739,50 €
×	1 % (Pauschalwertberichtigungssatz)	**987,40 €**

In der Praxis würden 988,00 EUR in die Pauschalwertberichtigung eingestellt. Das bedeutet, es würde aus Gründen der Vorsicht ein Aufwand gebucht, der den Gewinn vorsorglich schmälert, falls ein vermeintlich sicherer Zahlungseingang durch einen ansonsten zahlungskräftigen Kunden doch nicht erfolgt. Die Anpassung der Wertberichtigungsbuchung erfolgt jährlich.

Eine Korrektur der Umsatzsteuer erfolgt nicht, erst bei tatsächlichem Forderungsausfall.

2.5.2.5 Pauschalwertberichtigung (mit uneinbringlichen Forderungen)

Aufgabe

Unternehmer U verfügt Ende des Jahres 00 über einen Forderungsbestand (brutto) in Höhe von 120.000,00 EUR. Hiervon sind 2.500,00 EUR (brutto, inkl. 19 % USt) zweifelhaft. Uneinbringliche Forderungen sind in Höhe von 119,00 EUR (brutto, inklusive 19 % Umsatzsteuer) vorhanden.

U möchte von Ihnen wissen, wie hoch die *Pauschalwertberichtigung* für das Jahr 00 gebildet werden soll, wenn die Berichtigung aufgrund der Erfahrungswerte in der eigenen Buchführung 1 % betragen soll.

Wie lautet der erforderliche Buchungssatz für Bildung der Pauschalwertberichtigung, wenn davon auszugehen ist, dass bisher noch keine Pauschalwertberichtigung gebucht wurde?

Ihr Lösungsvorschlag:

Lösung

Folgende Berechnung ist möglich:

Forderungsbestand (brutto, inklusive 19 % Umsatzsteuer)	120.000,00 €
./. Uneinbringliche Forderungen (brutto, inklusive 19 % Umsatzsteuer)	119,00 €
./. Zweifelhafte Forderungen (brutto, inklusive 19 % Umsatzsteuer)	2.500,00 €
= Zwischensumme (brutto, inklusive 19 % Umsatzsteuer)	117.381,00 €
./. 19 % Umsatzsteuer (117.381,00 € ×19/119)	18.741,50 €
= Forderungen (netto, vermeintlich sicherer Zahlungseingang)	98.639,50 €
× 1 % (Pauschalwertberichtigungssatz)	**986,40 €**

In der Praxis würden 987,00 EUR in die Pauschalwertberichtigung eingestellt. Das bedeutet, es würde aus Gründen der Vorsicht ein Aufwand gebucht, der den Gewinn vorsorglich schmälert, falls ein vermeintlich sicherer Zahlungseingang durch einen ansonsten zahlungskräftigen Kunden doch nicht erfolgt. Die Anpassung der Wertberichtigungsbuchung erfolgt jährlich.

▶ Der Pauschalwertberichtigungssatz orientiert sich stets an betriebsinternen Erfahrungswerten und nicht an branchenüblichen Werten.

2.6   Rechnungsabgrenzungsposten

Bei den Rechnungsabgrenzungsposten handelt es sich um sogenannte transitorische Posten. Es wird im Folgenden sowohl auf die aktive als auch passive Rechnungsabgrenzung eingegangen.

2.6.1   Aktiver Rechnungsabgrenzungsposten (ARAP)

Die nachfolgenden Aufgaben beinhaltet Vorgänge mit und ohne Vorsteuer.

2.6.1.1   Aktiver Rechnungsabgrenzungsposten (ohne Vorsteuer)

Aufgabe

Zu welchen Posten zählt man den ARAP und wofür benötigt man diese Position in der Bilanz?

Ihr Lösungsvorschlag:

Lösung

Der Aktive Rechnungsabgrenzungsposten gehört zur Gruppe der Transitorischen Posten (lat. transire = hinübergehen). Spezifisch für einen Posten dieser Art ist es, dass die Zahlung im aktuellen (Berichtsjahr) erfolgt, der Aufwand aber ins neue Jahr hinüberreicht. Beispiel: Zahlung einer Kfz-Versicherung am 01.12.01 für 12 Monate im Voraus in Höhe von 1.200,00 EUR per Bank. Für das Jahr 01 dürfen lediglich 100,00 EUR als Aufwand erfasst werden; für das (darauffolgende) Jahr 02 der abzugrenzende Betrag in Höhe von 1.100,00 EUR. Würde keine Aufteilung auf beide Wirtschaftsjahre erfolgen, würde der Gewinn eines jeden Jahres verzerrt dargestellt und wäre nicht mehr realistisch.

2.6.1.2   Aktiver Rechnungsabgrenzungsposten (mit Vorsteuer, korrekte Rechnung)

Aufgabe

Unternehmer U muss für einen neuen Wartungsvertrag am 01.12.00 den Rechnungsbetrag in Höhe von 1.200,00 EUR zzgl. 19 % Umsatzsteuer für 1 Jahr im Voraus zahlen. Dies erledigt U per Banküberweisung am 01.12.00.

Welche Buchungssätze sind am Zahlungstag, am Bilanzstichtag (31.12.) und im neuen Jahr zu bilden, wenn am Zahlungstag eine umsatzsteuerlich korrekte Rechnung vorliegt?

Ihr Lösungsvorschlag:

Nr.	Soll	Haben	Betrag/€	Text
Buchung am Zahlungstag:				
1.				
Buchung bei Abgrenzung:				
2.				
Buchung im Folgejahr:				
3.				

Lösung

Folgende Buchungssätze sind möglich:

Buchungsliste:

Nr.	Soll	Haben	Betrag/€	Text
Buchung am Zahlungstag:				
1.	Wartungskosten		1.200,00	Wartungskosten 12.00–11.01
	VoSt 19 %		228,00	Vorsteuer 19 %
		Bank	1.428,00	Banküberweisung
Buchung bei Abgrenzung:				
2.	Aktive Rechnungsabgrenzungsposten	Wartungskosten	1.100,00	Abgrenzung 01.01–11.01
Buchung im Folgejahr:				
3.	Wartungskosten	Aktive Rechnungsabgrenzungsposten	1.100,00	Auflösung 01.01–11.01

▶ Die Auflösung des Aktiven Rechnungsabgrenzungsposten im Folgejahr sollte ratierlich erfolgen, um das monatliche Ergebnis in der Betriebswirtschaftlichen Auswertung (BWA) nicht zu verzerren.

2.6.1.3 Aktiver Rechnungsabgrenzungsposten (mit Vorsteuer, fehlerhafte Rechnung)

Aufgabe

Unternehmer U muss für einen neuen Wartungsvertrag am 01.12.00 den Rechnungsbetrag in Höhe von 1.200,00 EUR zzgl. 19 % Umsatzsteuer im Voraus zahlen. Dies erledigt U per Banküberweisung am 01.12.00.

Welche Buchungssätze sind am Zahlungstag, am Bilanzstichtag (31.12.) und im neuen Jahr zu bilden, wenn am Zahlungstag eine umsatzsteuerlich *nicht* korrekte Rechnung vorliegt?

Die korrigierte Rechnung wird U am 03.01.01 zugesandt.

Ihr Lösungsvorschlag:

Nr.	Soll	Haben	Betrag/€	Text
Buchung am Zahlungstag:				
1.				
Buchung bei Abgrenzung:				
2.				
Buchung im Folgejahr:				
3.				
4.				

Lösung

Folgende Buchungssätze sind möglich:

Buchungsliste:

Nr.	Soll	Haben	Betrag/€	Text
Buchung am Zahlungstag:				
1.	Wartungskosten		1.200,00	Wartungskosten 12.00–11.01
	Vorsteuer im Folgejahr abziehbar		228,00	Vorsteuer 19 %
		Bank	1.428,00	Banküberweisung
Buchung bei Abgrenzung:				
2.	Aktive Rechnungsabgrenzungsposten	Wartungskosten	1.100,00	Abgrenzung 01.01 – 11.01
Buchung im Folgejahr:				
3.	VoSt 19 %	Vorsteuer im Folgejahr abziehbar	228,00	Umbuchung Vorsteuer 19 %
4.	Wartungskosten	Aktive Rechnungsabgrenzungsposten	1.100,00	Auflösung 01.01–11.01

▶ Die Auflösung des Aktiven Rechnungsabgrenzungsposten im Folgejahr sollte ratierlich erfolgen, um das monatliche Ergebnis in der Betriebswirtschaftlichen Auswertung (BWA) nicht zu verzerren.

2.6.2   Passiver Rechnungsabgrenzungsposten (PRAP)

Im Folgenden werden Aufgaben mit und ohne Umsatzsteuer betrachtet.

2.6.2.1   Passiver Rechnungsabgrenzungsposten (ohne Umsatzsteuer)

Aufgabe

Zu welchen Posten zählt man den *PRAP* und wofür benötigt man diese Position in der Bilanz?

Ihr Lösungsvorschlag:

Lösung

Der Passive Rechnungsabgrenzungsposten gehört zur Gruppe der Transitorischen Posten (lat. transire = hinübergehen). Spezifisch für einen Posten dieser Art ist es, dass die Einnahme im aktuellen (Berichtsjahr) erfolgt, der Ertrag aber ins neue Jahr hinüberreicht. Beispiel: Einnahme eines Versicherungsträgers (Kfz-Versicherung) am 01.12.01 für 12 Monate im Voraus in Höhe von 1.200,00 EUR per Bank. Für das Jahr 01 dürfen lediglich 100,00 EUR als Ertrag erfasst werden; für das (darauffolgende) Jahr 02 der abzugrenzende Betrag in Höhe von 1.100,00 EUR. Würde keine Aufteilung auf beide Wirtschaftsjahre erfolgen, würde der Gewinn eines jeden Jahres verzerrt dargestellt und wäre nicht mehr realistisch.

2.6.2.2 Passiver Rechnungsabgrenzungsposten (mit Umsatzsteuer, korrekte Rechnung)

Aufgabe

Unternehmer A hat einen Wartungsvertrag mit U. Aus diesem erzielt er am 01.12.00 den Rechnungsbetrag in Höhe von 1.200,00 EUR zzgl. 19 % Umsatzsteuer für ein Jahr im Voraus. Die Einnahme erfolgt auf das Bankkonto des A.

Welche Buchungssätze sind am Tag der Einnahme, am Bilanzstichtag (31.12.) und im neuen Jahr zu bilden, wenn von A eine umsatzsteuerlich korrekte Rechnung ausgestellt wurde?

Ihr Lösungsvorschlag:

Nr.	Soll	Haben	Betrag/€	Text
Buchung am Tag der Einnahme:				
1.				
Buchung bei Abgrenzung:				
2.				
Buchung im Folgejahr:				
3.				

Lösung

Folgende Buchungssätze sind möglich:

Buchungsliste:

Nr.	Soll	Haben	Betrag/€	Text
Buchung am Tag der Einnahme:				
1.	Bank		1.428,00	Einnahme aus Wartungsvertrag
		Erlöse 19 %	1.200,00	Erlöse aus Wartungsarbeiten
		USt 19 %	228,00	Umsatzsteuer 19 %
Buchung bei Abgrenzung:				
2.	Erlöse 19 %	Passiver Rechnungsabgrenzungsposten	1.100,00	Abgrenzung 01.01–11.01
Buchung im Folgejahr:				
3.	Passiver Rechnungsabgrenzungsposten	Erlöse 19 %	1.100,00	Auflösung 01.01–11.01

▶ Die Auflösung des Passiven Rechnungsabgrenzungspostens im Folgejahr sollte ratierlich erfolgen, um das monatliche Ergebnis in der Betriebswirtschaftlichen Auswertung (BWA) nicht zu verzerren. Es ist das Realisationsprinzip (Teil
des Vorsichtsprinzips) zu beachten. Hiernach sind Gewinne erst dann auszuweisen, wenn sie realisiert wurden.

2.6.2.3   Passiver Rechnungsabgrenzungsposten (mit Umsatzsteuer, fehlerhafte Rechnung)

Aufgabe

Unternehmer A hat einen Wartungsvertrag mit U. Aus diesem erzielt er am 01.12.00
den Rechnungsbetrag in Höhe von 1.200,00 EUR zzgl. 19 % Umsatzsteuer für ein
Jahr im Voraus. Die Einnahme erfolgt auf das Bankkonto des A.

Welche Buchungssätze sind am Tag der Einnahme, am Bilanzstichtag (31.12.) und
im neuen Jahr zu bilden, wenn von A eine umsatzsteuerlich *fehlerhafte* Rechnung
ausgestellt wurde?

Ihr Lösungsvorschlag:

Nr.	Soll	Haben	Betrag/€	Text
Buchung am Tag der Einnahme:				
1.				
Buchung bei Abgrenzung:				
2.				
Buchung im Folgejahr:				
3.				

Lösung

Folgende Buchungssätze sind möglich:

Buchungsliste:

Nr.	Soll	Haben	Betrag/€	Text
Buchung am Tag der Einnahme:				
1.	Bank		1.428,00	Einnahme aus Wartungsvertrag
		Erlöse 19 %	1.200,00	Erlöse aus Wartungsarbeiten
		USt 19 %	228,00	Umsatzsteuer 19 %
Buchung bei Abgrenzung:				
2.	Erlöse 19 %	Passiver Rechnungsabgrenzungsposten	1.100,00	Abgrenzung 01.01–11.01
Buchung im Folgejahr:				
3.	Passiver Rechnungsabgrenzungsposten	Erlöse 19 %	1.100,00	Auflösung 01.01–11.01

▶ Die Umsatzsteuerschuld entsteht gemäß § 13 (1) Nr. 1 Buchstabe a Satz 3 UStG [9] am Ende des Voranmeldungszeitraums, in dem die Zahlung – hier durch A – vereinnahmt wurde. Hieran ändert auch die fehlerhafte Rechnung nichts. Die Fälligkeit der Umsatzsteuer besteht zum 10. des Folgemonats nach Beendigung des Voranmeldungszeitraums.

Die Auflösung des Passiven Rechnungsabgrenzungspostens im Folgejahr sollte auch hier ratierlich erfolgen, um das monatliche Ergebnis in der Betriebswirtschaftlichen Auswertung (BWA) nicht zu verzerren. Es ist das Realisationsprinzip (Teil des Vorsichtsprinzips) zu beachten. Hiernach sind Gewinne erst dann auszuweisen, wenn sie realisiert wurden.

2.7   Eigenkapital

Aufgabe

Bitte erläutern Sie die Aussage „Das *Eigenkapital* ist eine Residualgröße."

Ihr Lösungsvorschlag:

Lösung

Das Eigenkapital ist eine Überschussgröße, auch Residualgröße genannt. Das bedeutet, dass die Position Eigenkapital das Ergebnis aus Vermögen abzüglich Schulden ist.

2.8   Rückstellung

Die Rückstellung ist Inhalt dieses Kapitels.

2.8.1   Rückstellung – Definition

Aufgabe

Was ist unter einer Rückstellung zu verstehen und wo findet man diese in der Bilanz?

Ihr Lösungsvorschlag:

Lösung

Die Rückstellung ist ein Passivposten. Dieser wird für Fälle gebildet, wo am Bilanzstichtag (z. B. 31.12.) zukünftige Verbindlichkeiten – also Verbindlichkeiten im Folgejahr – dem Grunde nach bekannt sind, die Höhe und Fälligkeit jedoch noch zu diesem Zeitpunkt unbekannt ist.

2.8.2 Rückstellung oder Rücklage?

Aufgabe

Wo liegt der Unterschied zwischen einer Rückstellung und einer Rücklage?

Ihr Lösungsvorschlag:

Lösung

Bei einer *Rückstellung* handelt es sich um einen Passivposten, der im Rahmen des handelsrechtlichen Vorsichtsprinzips zum Bilanzstichtag gebildet wird. Hierbei werden voraussichtliche, zukünftige Verbindlichkeiten, die zum Bilanzstichtag der Art nach bekannt sind, netto erfasst. Höhe und Fälligkeit sind jedoch nicht bekannt. Rückstellungen sind stets kaufmännisch vernünftig zu schätzen.

Bei einer *Rücklage* handelt es sich um einen Teil des Eigenkapitals. Hierbei wird unterscheiden zwischen z. B. Gewinn- oder Kapitalrücklage. Die *Gewinnrücklage* ist eine Position, auf die im Unternehmen erzielte Gewinne eingestellt werden. Diesen Vorgang der Nichtausschüttung von Gewinnen bezeichnet man als „Gewinnthesaurierung". Bei einer *Kapitalrücklage* werden Gelder dem Unternehmen von außen zugeführt. Beispiel: Agio (Aufgeld) wird durch Ausgabe neuer Aktien erzielt und der Kapitalrücklage zwecks Erhöhung des Eigenkapitals zugeführt.

2.8.3 Rückstellung – Bildung und Auflösung

Aufgabe

U muss für anstehende Jahresabschlusskosten am 31.12.00 eine Rückstellung bilden. Er schätzt die zukünftigen Verbindlichkeiten aufgrund von Erfahrungswerten auf 3.000,00 EUR (netto).

1. Welche Buchung ist am 31.12.00 von U zu bilden?

Ihr Lösungsvorschlag:

Nr.	Soll	Haben	Betrag/€	Text

2. Welche Buchung ist vorzunehmen
   a) für den Fall, dass die Rechnung des Steuerberaters (vom 02.03.01) 3.000,00 EUR zzgl. Umsatzsteuer beträgt?
   b) für den Fall, dass die Rechnung des Steuerberaters 3.200,00 EUR zzgl. Umsatzsteuer beträgt?
   c) für den Fall, dass die Rechnung des Steuerberaters 2.500,00 EUR zzgl. Umsatzsteuer beträgt?

Buchen Sie bitte auch die Banküberweisung am 05.03.01. (*Hinweis:* Bei Rechnungseingang ist kreditorisch zu buchen.)

Ihr Lösunsvorschlag:

Nr.	Soll	Haben	Betrag/€	Text
a) für den Fall, dass die Rechnung des Steuerberaters 3.000,00 € zzgl. Umsatzsteuer beträgt:				
b) für den Fall, dass die Rechnung des Steuerberaters 3.200,00 € zzgl. Umsatzsteuer beträgt:				
c) für den Fall, dass die Rechnung des Steuerberaters 2.500,00 € zzgl. Umsatzsteuer beträgt:				

Lösung

1. **Buchungsliste:**

Nr.	Soll	Haben	Betrag/€	Text
	Jahresabschluss-kosten	Rückstellung	3.000,00	Bildung Jahresabschluss-kosten

2. **Buchungsliste:**

Nr.	Soll	Haben	Betrag/€	Text
a) für den Fall, dass die Rechnung des Steuerberaters 3.000,00 € zzgl. Umsatzsteuer beträgt:				
	Rückstellung		3.000,00	Inanspruchnahme Rückstellung
	Vorsteuer 19 %		570,00	Vorsteuer 19 %
		Verb.aLuL	3.570,00	Rechnungsbetrag brutto
	Verb.aLuL	Bank	3.570,00	Zahlung
b) für den Fall, dass die Rechnung des Steuerberaters 3.200,00 € zzgl. Umsatzsteuer beträgt:				
	Rückstellung		3.000,00	Inanspruchnahme Rückstellung
	Periodenfrem-der Aufwand		200,00	Periodenfremder Aufwand für Jahresabschlusskosten
	Vorsteuer 19 %		608,00	Vorsteuer 19 %
		Verb.aLuL	3.808,00	Rechnungsbetrag brutto
	Verb.aLuL	Bank	3.808,00	Zahlung
c) für den Fall, dass die Rechnung des Steuerberaters 2.500,00 € zzgl. Umsatzsteuer beträgt:				
	Rückstellung		2.500,00	Inanspruchnahme Rückstellung
	Vorsteuer 19 %		475,00	Vorsteuer 19 %
		Verb.aLuL	2.975,00	Rechnungsbetrag brutto
	Verb.aLuL	Bank	2.975,00	Zahlung
	Rückstellung	Erträge aus Auflösung der Rückstellung	500,00	Auflösung Rückstellung

2.9   Verbindlichkeiten

Bei den Verbindlichkeiten wird unterschieden z. B. zwischen Verbindlichkeiten aus Lieferungen und Leistungen (Lieferantenverbindlichkeiten), Verbindlichkeiten gegenüber Kreditinstituten (z. B. Darlehen) oder Verbindlichkeiten aus Steuern. Einige Aufgaben sollen diesen Bereich etwas durchleuchten.

2.9.1   Verbindlichkeiten gegenüber Kreditinstituten (Darlehen)

Zur Wiederholung nochmal ein Beispiel zum Darlehen und zu einem möglichen Disagio.

Aufgabe

Unternehmer U benötigt ein Darlehen, um die Zertifizierung seines Unternehmens zu finanzieren. Der Darlehensbetrag in Höhe von 120.000,00 EUR wird um ein Disagio/Damnum in Höhe von 3 % reduziert. Die Laufzeit des Darlehens beträgt 5 Jahre. Die laufenden Zinsen im Jahr 00 sollen 5.000,00 EUR betragen und sind jeweils am 31.12. fällig. Diese werden pünktlich vom Bankkonto eingezogen. Gebühren wurden bereits korrekt gebucht. Die erste Darlehenstilgung wird erst Ende des 2. Jahres erfolgen.

Unternehmer U hat folgende Fragen an Sie:

1. Welche Buchungssätze sind zu bilden bei Darlehensaufnahme am 15.01.00 und am Ende des 1. Wirtschaftsjahres (31.12.00)? (*Hinweis:* Das Disagio wird als Aktiver *Rechnungsabgrenzungsposten erfasst.*)

Ihr Lösungsvorschlag:

Nr.	Soll	Haben	Betrag/€	Text
1.				
2.				
3.				

2. Wäre handelsrechtliche eine andere Bewertung des Disagios möglich?

Ihr Lösungsvorschlag:

Lösung

1. **Buchungsliste:**

Nr.	Soll	Haben	Betrag/€	Text
1.	Bank		116.400,00	Darlehensgutschrift (120.000,00 € × 97 %)
	Disagio		3.600,00	Disagio (3 % von 120.000,00 €)
		Darlehen	120.000,00	Darlehen
2.	Zinsen für langfristige Verbindlichkeiten	Bank	5.000,00	Zinsaufwand für das Jahr 00
3.	Abschreibung Disagio	Disagio	720,00	Abschreibung Disagio (3.600,00 € × 1/5)

2. Ja, handelsrechtlich wäre die Möglichkeit des Sofortabzugs als Betriebsausgabe möglich (§ 250 (3) HGB) [9]. Steuerlich besteht jedoch nicht die Option, das Disagio sofort gewinnmindernd zu erfassen. Es ist ein Aktiver Rechnungsabgrenzungsposten zu bilden (§ 5 (5) Satz 1 Nr. 1 EStG) [4].

2.9.2   Sonstige Verbindlichkeiten

Aufgabe

Unternehmer U möchte von Ihnen wissen, was der Unterschied zwischen *den Verbindlichkeiten aus Lieferungen und Leistungen* und den *Sonstigen Verbindlichkeiten* ausmacht.

Können Sie ihm weiterhelfen?

Ihr Lösungsvorschlag:

Lösung

Sowohl *Sonstige Verbindlichkeiten* als auch *Verbindlichkeiten aus Lieferungen und Leistungen* gehören zur Bilanzposition*Verbindlichkeiten* (siehe § 266 (3) Buchstabe C HGB) [3].

Verbindlichkeiten aus Lieferungen und Leistungen sind Lieferantenverbindlichkeiten. Unter dieser Position werden sämtliche Salden aller offenstehenden Kreditorenposten zusammengefasst und in der Bilanz in einer Summe ausgewiesen.

Bei den *Sonstigen Verbindlichkeiten* handelt es sich um konkrete Schulden gegenüber denjenigen, für die keine Kreditorenkonten angelegt wurden (z. B. für Personal).

2.10   Zusammenfassung – 50 Multiple-Choice-Fragen

Aufgabe

Bitte kreuzen Sie im Folgenden an, ob die jeweiligen Aussagen richtig oder falsch sind. Sollte es sich um falsche Aussagen handeln, begründen Sie diese bitte stichwortartig.

Ihr Lösungsvorschlag:

Nr.	Aussage	Richtig	Falsch
1.	Die *Bilanz* und die *Gewinn- und Verlustrechnung* (GuV) sind das Ergebnis der Buchführung.		
	Begründung:		
2.	Die *Bilanz* besteht aus einer Aktiv- und einer Passivseite. Die Aktivseite ist nach Fristigkeit gegliedert, die Passivseite nach Liquidierbarkeit.		
	Begründung:		
3.	Die Gewinn- und Verlustrechnung (GuV) muss der Bilanz nicht beigefügt werden, wenn der Unternehmer dies nicht möchte.		
	Begründung:		
4.	Die *Gewinn- und Verlustrechnung* ist ein Unterkonto des Eigenkapitals.		
	Begründung:		
5.	Beim *Anlagevermögen* werden Vermögensgegenstände erfasst, die dazu bestimmt sind, dem Betrieb länger als 1 Jahr zur Verfügung zu stehen. Diese Güter werden stets abgeschrieben.		
	Begründung:		
6.	Die *lineare Abschreibungsmethode* ist die Abschreibung in gleichbleibenden Beträgen.		
	Begründung:		

Nr.	Aussage	Richtig	Falsch
7.	AfA steht für Abschreibung für Abnutzung.		
	Begründung:		
8.	Neben der *planmäßigen Abschreibung* gibt es auch die außerplanmäßige Abschreibung. Diese findet Anwendung, wenn ein abnutzbares Wirtschaftsgut aufgrund eines unvorhergesehenen Ereignisses dauerhaft an Wert verliert.		
	Begründung:		
9.	Gebäude, Maschinen, Fuhrpark und unbebaute Grundstücke unterliegen der planmäßigen, linearen Abschreibung.		
	Begründung:		
10.	Die *degressive Abschreibung* ist eine Wertminderungsmethode in fallenden Beträgen. Sie wird für Neuinvestitionen aus steuerlicher Sicht seit 2011 nicht mehr angewendet.		
	Begründung:		
11.	Die *degressive Abschreibungsmethode* bezeichnet man auch als Restwert-AfA.		
	Begründung:		
12.	Mit *Pro Rata Temporis* bezeichnet die zeitanteilige Abschreibung, wenn ein Vermögensgegenstand nicht das gesamte Wirtschaftsjahr über im Betriebsvermögen vorhanden war.		
	Begründung:		
13.	GWG steht für geringwertige Wirtschaftsgüter. Sie gehören zum unbeweglichen Anlagevermögen.		
	Begründung:		
14.	Im Rahmen der GWG-Abschreibung findet man auch den Begriff der „*Poolbildung*".		
	Begründung:		

Nr.	Aussage	Richtig	Falsch
15.	Bei der *degressiven Abschreibung* handelt es sich um eine Abschreibung in fallenden Beträgen. Auch hier ist *pro rata temporis* anzuwenden.		
	Begründung:		
16.	Der *Anlagenabgangswert* ist der Wert, der als nicht in Anspruch genommene Abschreibung verbleibt, wenn ein abnutzbares Wirtschaftsgut aus dem Anlagevermögen entnommen wird. Dieser Wert entspricht dem Restbuchwert.		
	Begründung:		
17.	Entnahmen aus dem Betriebsvermögen werden häufig zum *Teilwert* durchgeführt. Hierbei handelt es sich um einen Begriff aus dem Einkommensteuergesetz (§ 6 EStG).		
	Begründung:		
18.	Der *Veräußerungsgewinn* bzw. der *Veräußerungsverlust* ergibt sich nach der Berechnung Verkaufspreis abzüglich Anlagenabgangswert.		
	Begründung:		
19.	Die Abschreibungsdauer ist festgelegt in der AfA-Tabelle.		
	Begründung:		
20.	Das *Umlaufvermögen* beinhaltet Güter, die dazu bestimmt sind, dem Unternehmen nur vorübergehend (also maximal 13 Monate) zur Verfügung zu stehen.		
	Begründung:		
21.	Das *Umlaufvermögen* beinhaltet neben den Vorräten auch Forderungen und Finanzkonten sowie Rücklagen.		
	Begründung:		
22.	Die *Forderungen*, die sich im Umlaufvermögen befinden, werden bei Jahresabschlusserstellung eingeteilt in gesunde, zweifelhafte und uneinbringliche Forderungen.		
	Begründung:		

Nr.	Aussage	Richtig	Falsch
23.	Nach dem *Vorsichtsprinzip* muss die Vermögensseite vorsichtig, d. h. eher niedriger und die Passivseite (Kapitalseite) eher höher ausgewiesen werden. Dies dient dem Gläubigerschutz.		
	Begründung:		
24.	Das *Vorsichtsprinzip* setzt sich aus den Ausprägungen Imparitätsprinzip und Realistischprinzip zusammen.		
	Begründung:		
25.	Nach dem *Imparitätsprinzip* müssen am Bilanzstichtag bekannte drohende Verluste für die Zukunft zwingend ausgewiesen.		
	Begründung:		
26.	Nach dem *Realisationsprinzip* dürfen nur am Bilanzstichtag realisierte Gewinne in der Bilanz ausgewiesen. Hiervon gibt es aber Ausnahmen, wenn der Kunde z. B. verspricht, ganz bestimmt den Auftrag im nächsten Jahr zu erteilen.		
	Begründung:		
27.	*Stille Reserven* entstehen durch Unterbewertung von Aktivposten in der Bilanz.		
	Begründung:		
28.	*Stille Reserven* werden durch Entnahme oder Verkauf von Anlagegütern realisiert.		
	Begründung:		
29.	Unter *Eigenkapital* versteht man das Guthaben auf einem Bankkonto.		
	Begründung:		
30.	Das *Eigenkapital* bei Einzelunternehmen ist im Vergleich zum Eigenkapital bei Kapitalgesellschaften anders gegliedert. Das ergeben die Vorschriften § 247 HGB und § 266 HGB.		
	Begründung:		

Nr.	Aussage	Richtig	Falsch
31.	Wenn das Vermögen betragsmäßig höher ist als das Eigenkapital, liegt eine *Überschuldung* (Insolvenz) vor. Die Stillen Reserven sollen bei dieser Aussage keine Rolle spielen.		
	Begründung:		
32.	*Rückstellungen* stehen unterhalb der Position Eigenkapital, während Rücklagen Bestandteile der Position Eigenkapital sind.		
	Begründung:		
33.	*Rücklagen* werden gebildet, in dem man Geld „auf die hohe Kante" legt und z. B. für wirtschaftlich schwierige Situationen anspart.		
	Begründung:		
34.	*Rücklagen* können in Kapital- und Gewinnrücklagen unterschieden werden.		
	Begründung:		
35.	*Rückstellungen* sind zukünftige Verbindlichkeiten, die am Bilanzstichtag der Höhe nach, aber nicht nach Fälligkeit und dem Grunde nach bekannt sind.		
	Begründung:		
36.	*Rückstellungen* beinhalten geschätzte Beträge für Aufwendungen und Anschaffungskosten der Anlagegüter im Folgejahr.		
	Begründung:		
37.	*Rückstellungen* werden erst dann aufgelöst, wenn der Grund für die Bildung weggefallen ist.		
	Begründung:		
38.	Bei der Auflösung der *Rückstellung* kann es zu periodenfremden Erträgen oder Aufwendungen kommen, die das Ergebnis des aktuellen Wirtschaftsjahres beeinflussen.		
	Begründung:		

Nr.	Aussage	Richtig	Falsch
39.	*Rückstellungen* werden gebildet, um dem Vorsichtsprinzip, insbesondere dem Imparitätsprinzip gerecht zu werden.		
	Begründung:		
40.	*Rechnungsabgrenzungsposten* können unterteilt werden in Aktive und Passive Rechnungsabgrenzungsposten. Sie sind auch als transitorische Posten bekannt (transire, lat. = hinübergehen)		
	Begründung:		
41.	Beim *Aktiven Rechnungsabgrenzungsposten* erfolgt die Einnahme im alten Jahr; der Ertrag wird im Folgejahr realisiert.		
	Begründung:		
42.	*Sonstige Forderungen* und *Sonstige Verbindlichkeiten* gehören zu den antizipativen Posten (antecipere, lat.= vorwegnehmen).		
	Begründung:		
43.	Bei *Sonstigen Forderungen* entsteht der Ertrag im Berichtsjahr, die Einnahme erfolgt im Folgejahr.		
	Begründung:		
44.	*Drohverlustrückstellungen* sind Rückstellungen für drohende Verluste aus schwebenden Geschäften, die handelsrechtlich nicht gebildet werden dürfen.		
	Begründung:		
45.	*Rückstellungen* werden immer netto (also ohne die Umsatzsteuer) gebildet.		
	Begründung:		
46.	Die *Handelsbilanz* ist die Basis für die Steuerbilanz.		
	Begründung:		

Nr.	Aussage	Richtig	Falsch
47.	Die *Handelsbilanz* dient reinen Informationszwecken und ist für Adressaten bestimmt wie z. B. Banken, Öffentlichkeit.		
	Begründung:		
48.	Die *Steuerbilanz* basiert auf der Handelsbilanz und steuerlichen Vorschriften. Sie dient lediglich der korrekten Steuerermittlung.		
	Begründung:		
49.	Der *Anhang* ist ein Erläuterungsbericht zur Einnahmen-Überschuss-Rechnung eines Unternehmens.		
	Begründung:		
50.	Die Einnahmen-Überschuss-Rechnung muss nicht von buchführungspflichtigen Unternehmern erstellt werden. Sie ist das Ergebnis von aufzeichnungspflichtigen Unternehmern.		
	Begründung:		

Lösung

Nr.	Aussage	Richtig	Falsch
1.	Die *Bilanz* und die *Gewinn- und Verlustrechnung* (GuV) sind das Ergebnis der Buchführung	X	
2.	Die *Bilanz* besteht aus einer Aktiv- und einer Passivseite. Die Aktivseite ist nach Fristigkeit gegliedert, die Passivseite nach Liquidierbarkeit.		X
	Begründung: Nein, die Aktivseite wird nach Liquidierbarkeit, die Passivseite nach Fristigkeit gegliedert.		
3.	Die Gewinn- und Verlustrechnung (GuV) muss der Bilanz nicht beigefügt werden, wenn der Unternehmer dies nicht möchte.		X
	Begründung: Nein, die GuV muss der Bilanz stets beigefügt werden.		
4.	Die *Gewinn- und Verlustrechnung* ist ein Unterkonto des Eigenkapitals.	X	
5.	Beim *Anlagevermögen* werden Vermögensgegenstände erfasst, die dazu bestimmt sind, dem Betrieb länger als 1 Jahr zur Verfügung zu stehen. Diese Güter werden stets abgeschrieben.		X
	Begründung: Nein, die Abschreibung erfolgt nur bei abnutzbaren Gütern.		

Nr.	Aussage	Richtig	Falsch
6.	Die *lineare Abschreibungsmethode* ist die Abschreibung in gleichbleibenden Beträgen.	X	
7.	AfA steht für Abschreibung für Abnutzung.		X
	Begründung: Nein, AfA steht für Absetzung für Abnutzung.		
8.	Neben der *planmäßigen Abschreibung* gibt es auch die außerplanmäßige Abschreibung. Diese findet Anwendung, wenn ein abnutzbares Wirtschaftsgut aufgrund eines unvorhergesehenen Ereignisses dauerhaft an Wert verliert.	X	
9.	Gebäude, Maschinen, Fuhrpark und unbebaute Grundstücke unterliegen der planmäßigen, linearen Abschreibung.		X
	Begründung: Nein, Grundstücke unterliegen keiner planmäßigen Abschreibung.		
10.	Die *degressive Abschreibung* ist eine Wertminderungsmethode in fallenden Beträgen. Sie wird für Neuinvestitionen aus steuerlicher Sicht seit 2011 nicht mehr angewendet.	X	
11.	Die *degressive Abschreibungsmethode* bezeichnet man auch als Restwert-AfA.	X	
12.	Mit *Pro Rata Temporis* bezeichnet die zeitanteilige Abschreibung, wenn ein Vermögensgegenstand nicht das gesamte Wirtschaftsjahr über im Betriebsvermögen vorhanden war.	X	
13.	GWG steht für geringwertige Wirtschaftsgüter. Sie gehören zum unbeweglichen Anlagevermögen.		X
	Begründung: Nein, GWG gehören zum beweglichen Anlagevermögen.		
14.	Im Rahmen der GWG-Abschreibung findet man auch den Begriff der „*Poolbildung*".	X	
15.	Bei der *degressiven Abschreibung* handelt es sich um eine Abschreibung in fallenden Beträgen. Auch hier ist *pro rata temporis* anzuwenden.	X	
16.	Der *Anlagenabgangswert* ist der Wert, der als nicht in Anspruch genommene Abschreibung verbleibt, wenn ein abnutzbares Wirtschaftsgut aus dem Anlagevermögen entnommen wird. Dieser Wert entspricht dem Restbuchwert.	X	
17.	Entnahmen aus dem Betriebsvermögen werden häufig zum *Teilwert* durchgeführt. Hierbei handelt es sich um einen Begriff aus dem Einkommensteuergesetz (§ 6 EStG).	X	
18.	Der *Veräußerungsgewinn* bzw. der *Veräußerungsverlust* ergibt sich nach der Berechnung Verkaufspreis abzüglich Anlagenabgangswert.	X	
19.	Die Abschreibungsdauer ist festgelegt in der AfA-Tabelle.	X	

Nr.	Aussage	Richtig	Falsch
20.	Das *Umlaufvermögen* beinhaltet Güter, die dazu bestimmt sind, dem Unternehmen nur vorübergehend (also maximal 13 Monate) zur Verfügung zu stehen.		X
	Begründung: Nein, zum Umlaufvermögen zählen lediglich die Güter, die dazu bestimmt sind, dem Betrieb bis zu 1 Jahr (also 12 Monate) zur Verfügung zu stehen.		
21.	Das *Umlaufvermögen* beinhaltet neben den Vorräten auch Forderungen und Finanzkonten sowie Rücklagen.		X
	Begründung: Nein, Rücklagen sind Bestandteil des Eigenkapitals. Sie gehören damit nicht zum Umlaufvermögen.		
22.	Die *Forderungen*, die sich im Umlaufvermögen befinden, werden bei Jahresabschlusserstellung eingeteilt in gesunde, zweifelhafte und uneinbringliche Forderungen.	X	
23.	Nach dem *Vorsichtsprinzip* muss die Vermögensseite vorsichtig, d. h. eher niedriger und die Passivseite (Kapitalseite) eher höher ausgewiesen werden. Dies dient dem Gläubigerschutz.	X	
24.	Das *Vorsichtsprinzip* setzt sich aus den Ausprägungen Imparitätsprinzip und Realistischprinzip zusammen.		X
	Begründung: Nein, das Vorsichtsprinzip setzt sich zusammen aus Imparitäts- und Realisationsprinzip.		
25.	Nach dem *Imparitätsprinzip* müssen am Bilanzstichtag bekannte drohende Verluste für die Zukunft zwingend ausgewiesen.	X	
26.	Nach dem *Realisationsprinzip* dürfen nur am Bilanzstichtag realisierte Gewinne in der Bilanz ausgewiesen. Hiervon gibt es aber Ausnahmen, wenn der Kunde z. B. verspricht, ganz bestimmt den Auftrag im nächsten Jahr zu erteilen.		X
	Begründung: Nein, nur am Bilanzstichtag realisierte Gewinne dürfen in der Bilanz ausgewiesen werden.		
27.	*Stille Reserven* entstehen durch Unterbewertung von Aktivposten in der Bilanz.	X	
28.	*Stille Reserven* werden durch Entnahme oder Verkauf von Anlagegütern realisiert.	X	
29.	Unter *Eigenkapital* versteht man das Guthaben auf einem Bankkonto.		X
	Begründung: Nein, das Eigenkapital ist eine Residualgröße (Überschussgröße). Diese errechnet sich nach der Formel: Vermögen abzüglich Kapital.		
30.	Das *Eigenkapital* bei Einzelunternehmen ist im Vergleich zum Eigenkapital bei Kapitalgesellschaften anders gegliedert. Das ergeben die Vorschriften § 247 HGB und § 266 HGB.	X	

Nr.	Aussage	Richtig	Falsch
31.	Wenn das Vermögen betragsmäßig höher ist als das Eigenkapital, liegt eine *Überschuldung* (Insolvenz) vor. Die Stillen Reserven sollen bei dieser Aussage keine Rolle spielen.	X	
32.	*Rückstellungen* stehen unterhalb der Position Eigenkapital, während Rücklagen Bestandteile der Position Eigenkapital sind.	X	
33.	*Rücklagen* werden gebildet, in dem man Geld „auf die hohe Kante" legt und z. B. für wirtschaftlich schwierige Situationen anspart.	X	
34.	*Rücklagen* können in Kapital- und Gewinnrücklagen unterschieden werden.	X	
35.	*Rückstellungen* sind zukünftige Verbindlichkeiten, die am Bilanzstichtag der Höhe nach, aber nicht nach Fälligkeit und dem Grunde nach bekannt sind.		X
	Begründung: Nein, Rückstellungen sind zukünftige Verbindlichkeiten, die am Bilanzstichtag dem Grunde nach, aber nicht nach Höhe und Fälligkeit bekannt sind.		
36.	*Rückstellungen* beinhalten geschätzte Beträge für Aufwendungen und Anschaffungskosten der Anlagegüter im Folgejahr.		X
	Begründung: Nein, Rückstellungen können nur für Aufwendungen gebildet werden, die dem Berichtsjahr zugeordnet werden müssen, aber erst im nächsten Jahr oder später der konkreten Höhe nach festgestellt werden.		
37.	*Rückstellungen* werden erst dann aufgelöst, wenn der Grund für die Bildung weggefallen ist.	X	
38.	Bei der Auflösung der *Rückstellung* kann es zu periodenfremden Erträgen oder Aufwendungen kommen, die das Ergebnis des aktuellen Wirtschaftsjahres beeinflussen.	X	
39.	*Rückstellungen* werden gebildet, um dem Vorsichtsprinzip, insbesondere dem Imparitätsprinzip gerecht zu werden.	X	
40.	*Rechnungsabgrenzungsposten* können unterteilt werden in Aktive und Passive Rechnungsabgrenzungsposten. Sie sind auch als transitorische Posten bekannt (transire, lat. = hinübergehen)	X	
41.	Beim *Aktiven Rechnungsabgrenzungsposten* erfolgt die Einnahme im alten Jahr; der Ertrag wird im Folgejahr realisiert.		X
	Begründung: Nein, beim Aktiven Rechnungsabgrenzungsposten erfolgt die Ausgabe im alten Jahr; der Aufwand ist im Folgejahr realisiert.		
42.	*Sonstige Forderungen* und *Sonstige Verbindlichkeiten* gehören zu den antizipativen Posten (antecipere, lat.= vorwegnehmen).	X	
43.	Bei *Sonstigen Forderungen* entsteht der Ertrag im Berichtsjahr, die Einnahme erfolgt im Folgejahr.	X	

Nr.	Aussage	Richtig	Falsch
44.	*Drohverlustrückstellungen* sind Rückstellungen für drohende Verluste aus schwebenden Geschäften, die handelsrechtlich nicht gebildet werden dürfen.		X
	Begründung: Nein, Drohverlustrückstellungen müssen handelsrechtlich gebildet werden. Aus steuerlicher Perspektive ist die Bildung dieser Rückstellung nicht erlaubt.		
45.	*Rückstellungen* werden immer netto (also ohne die Umsatzsteuer) gebildet.	X	
46.	Die *Handelsbilanz* ist die Basis für die Steuerbilanz.	X	
47.	Die *Handelsbilanz* dient reinen Informationszwecken und ist für Adressaten bestimmt wie z. B. Banken, Öffentlichkeit.	X	
48.	Die *Steuerbilanz* basiert auf der Handelsbilanz und steuerlichen Vorschriften. Sie dient lediglich der korrekten Steuerermittlung.	X	
49.	Der *Anhang* ist ein Erläuterungsbericht zur Einnahmen-Überschuss-Rechnung eines Unternehmens.		X
	Begründung: Nein, der Anhang ist ein Erläuterungs- und Ergänzungsbericht zur Bilanz und Gewinn- und Verlustrechnung.		
50.	Die Einnahmen-Überschuss-Rechnung muss nicht von buchführungspflichtigen Unternehmern erstellt werden. Sie ist das Ergebnis von aufzeichnungspflichtigen Unternehmern.	X	

2.11 Quellenverzeichnis zum Kapitel „Bilanzierung"

Bundesministerium der Justiz und für Verbraucherschutz

[1] https://www.gesetze-im-internet.de/estg/__4.html; Abruf am 21.05.2017
[2] https://www.gesetze-im-internet.de/hgb/__247.html; Abruf am 21.05.2017
[3] https://www.gesetze-im-internet.de/hgb/__266.html; Abruf am 21.05.2017
[4] https://www.gesetze-im-internet.de/estg/__5.html; Abruf am 21.05.2017
[5] https://www.gesetze-im-internet.de/hgb/__253.html; Abruf am 21.05.2017
[6] https://www.gesetze-im-internet.de/estg/__7.html; Abruf am 21.05.2017
[7] https://www.gesetze-im-internet.de/ao_1977/__39.html; Abruf am 21.05.2017
[8] https://www.gesetze-im-internet.de/bgb/__95.html; Abruf am 21.05.2017
[9] https://www.gesetze-im-internet.de/ustg_1980/__13.html; Abruf am 21.05.2017
[10] https://www.gesetze-im-internet.de/hgb/__250.html; Abruf am 21.05.2017

Umsatzsteuer – Aufgaben und Lösungen

3

Zusammenfassung

Im Kapitel Umsatzsteuer werden dem Leser zahlreiche Übungen zu grundlegenden Themen (z. B. Steuersystem, Vorsteuer) und ausgewählten Fragen (z. B. Umkehr der Steuerschuldnerschaft, Auslandsgeschäfte) angeboten.

Im Folgenden werden Aufgaben zu unterschiedlichen Themengebieten im Rahmen der Umsatzsteuer – alphabetisch geordnet – dargestellt.

3.1 Grundlagen zur Umsatzsteuer

3.1.1 System der Umsatzsteuer

Aufgabe

Stellen Sie bitte das **inländische System der Umsatzsteuer** unter Angabe der Beziehungen zwischen den Beteiligten (Finanzamt, Unternehmer 1 (U1), Unternehmer 2 (U2), Nichtunternehmer (P)) dar. Nutzen Sie hierbei auch bitte folgende Begriffe: Vorsteuer, Traglast, Zahllast.

© Springer Fachmedien Wiesbaden GmbH, ein Teil von Springer Nature 2018
K. Nickenig, *Übungsbuch Buchführung, Bilanzierung und Umsatzsteuer*,
https://doi.org/10.1007/978-3-658-22718-0_3

Ihr Lösungsvorschlag:

Lösung

Folgende Darstellung wäre möglich[2]:

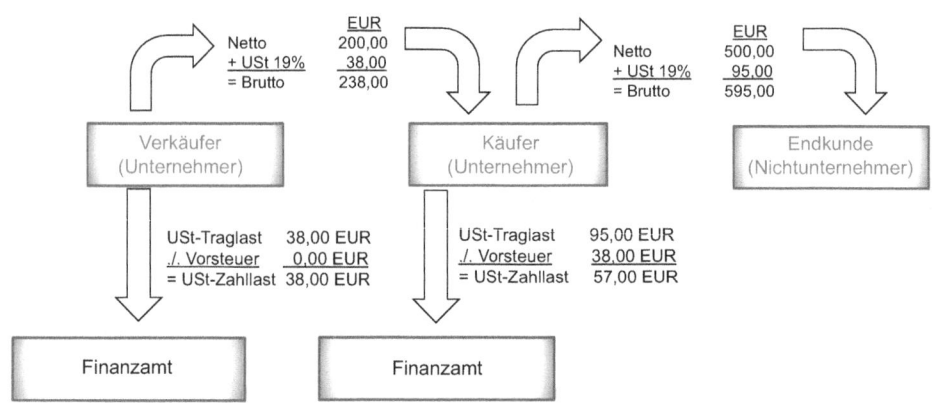

Abb. 3.1   Umsatzsteuer-System im Inland

---

[2] Siehe auch Nickenig K (2015): Praxislehrbuch Steuerrecht. Springer Fachmedien Wiesbaden, Wiesbaden, S. 70.

3.1.2 Steuerliche Nebenleistungen

Aufgabe

Nennen Sie drei Ihnen bekannte steuerliche Nebenleistungen und erläutern Sie diese kurz.

Ihr Lösungsvorschlag:

Lösung

Zu den steuerlichen Nebenleistungen zählen z. B.

1. Verspätungszuschlag

Der *Verspätungszuschlag* kann erhoben werden, wenn Steuererklärungen vom Steuerpflichtigen zu spät oder überhaupt nicht der Finanzkasse vorgelegt werden. Es handelt sich hierbei um eine Ermessensentscheidung. Geregelt ist dies im § 152 AO [1]. Von diesem Zuschlag kann abgesehen werden, wenn der Steuerpflichtige wichtige Gründe vorbringen kann, die ihn daran gehindert haben, die Steuererklärung rechtzeitig abzugeben.

2. Säumniszuschlag

Sollte die Steuerschuld nicht rechtzeitig vom Steuerpflichtigen beglichen werden, wird ein Säumniszuschlag erhoben (§ 240 AO) [2]. Jeder angefangene Monat der Säumnis wird mit 1 Prozent des rückständigen Steuerbetrages berechnet. Der Steuerbetrag ist hierbei auf einen vollen, durch 50 EUR teilbaren Betrag abzurunden.

3. Zwangsgeld

Das Zwangsgeld kann in den Fällen erhoben werden, in denen der Steuerpflichtige seinen Verpflichtungen, z. B. der Abgabe der Steuererklärung, nicht nachkommt. Diese Form der steuerlichen Nebenleistung darf den Betrag in Höhe von 25.000,00 EUR nicht übersteigen (§ 329 AO) [3].

3.1.3 Wesensmerkmale der Umsatzsteuer

Aufgabe

Nennen Sie sechs Wesensmerkmale der Umsatzsteuer.

Ihr Lösungsvorschlag:

Lösung

– Verbrauchsteuer
– Aufkommensstarke Steuer
– Indirekte Steuer (Steuerschuldner und Steuerträger sind unterschiedliche Personen)
– Steuerobjekt: steuerbare Umsätze
– Fälligkeitssteuer
– Gemeinschaftssteuer (Steuer, welche Bund, Länder und Gemeinden gemeinschaftlich zusteht)

3.1.4 Zuordnung steuerlicher Nebenleistungen

Aufgabe

Bitte ordnen Sie die unten dargestellten öffentlichen Abgaben den entsprechenden Kategorien zu:
– Steuern (St)
– Steuerliche Nebenleistungen (SN)
– Gebühren (G)
– Beiträge (B)

Ihr Lösungsvorschlag:

Hier die Kategorien:

Nr.	Vorgang	Abkürzung (St, SN, G, B)
1.	Entgelt für die Zulassung eines Fahrzeugs	
2.	Verspätungszuschlag	
3.	Solidaritätszuschlag	
4.	Zwangsgeld	
5.	Entgelt für die Sozialversicherung	
6.	Entgelt für die Reinigung der öffentlichen Straße	

Lösung

Nr.	Vorgang	Abkürzung (St, SN, G, B)
1.	Entgelt für die Zulassung eines Fahrzeugs	G
2.	Verspätungszuschlag	SN
3.	Solidaritätszuschlag	St
4.	Zwangsgeld	SN
5.	Entgelt für die Sozialversicherung	B
6.	Entgelt für die Reinigung der öffentlichen Straße	G

3.2 Steuerbarkeit von Umsätzen

3.2.1 Steuerbarkeit von Umsätzen

Aufgabe

Welche Umsätze zählt § 1 UStG [4] zu den *steuerbaren Umsätzen*?

Ihr Lösungsvorschlag:

Lösung

Zu den steuerbaren Umsätzen zählen

- Lieferungen und Sonstige Leistungen
- Einfuhr
- Innergemeinschaftlicher Erwerb

3.2.2   Innenumsatz

Aufgabe

Nennen und erläutern Sie bitte kurz ein Beispiel zum *Innenumsatz*.

Ihr Lösungsvorschlag:

Lösung

Bei einem Innenumsatz handelt es sich um einen Umsatz, welcher nicht von einem Unternehmen an ein anderes Unternehmen erbracht wird, sondern innerhalb desselben Unternehmens erfolgt.

Beispiel:

U ist Einzelunternehmer. Er betreibt ein Café und eine Bäckerei. Die Bäckerei beliefert regelmäßig sein Café mit selbst gebackenem Kuchen. Fazit: Es liegt ein umsatzsteuerlich nicht steuerbarer Innenumsatz vor. Es mangelt unter anderem am Leistungsaustausch zwischen zwei Unternehmen.

3.2.3 Beförderung oder Versendungslieferung?

Aufgabe

Worin liegt der Unterschied zwischen einer *Beförderungs*- und einer *Versendungs-lieferung?*

Ihr Lösungsvorschlag:

Lösung

Es handelt sich um eine *Beförderungslieferung*, wenn der Leistungsempfänger (Abneh-mer) oder der leistende Unternehmer (Veräußerer) die Beförderung des Gegenstandes übernimmt (§ 3 (6) UStG) [5].

Versenden ist hingegen ein „Befördern-Lassen". Hiernach wird bei Versendungsliefe-rungen ein fremder Dritter (Spediteur, Kurier u. a.) mit der Lieferung beauftragt.

3.2.4 Steuerbare und nicht steuerbare Umsätze[3]

Aufgabe

Prüfen Sie bitte, ob nachfolgende Vorgänge (Lieferung oder Sonstige Leistung) steu-erbar oder nicht steuerbar sind; geben Sie hierzu die passende Vorschrift im Umsatz-steuergesetz an und tragen Sie Ihre Lösung in die nachfolgende Tabelle ein:

---

[3] Ausführliche Darstellung siehe: Bornhofen M, Bornhofen MC (2017), Steuerlehre I Rechtslage 2017. Springer Fachmedien Wiesbaden, Wiesbaden.

Ihr Lösungsvorschlag:

Nr.	Vorgang	Steuerbar im Inland	Nicht steuerbar im Inland
1.	Der Textileinzelhändler verkauft in Berlin einem Kunden einen modischen Anzug für netto 800,00 €. Der Unternehmer bleibt bis zur vollständigen Zahlung des geforderten Preises Eigentümer der Ware.		
2.	Der Steuerberater erzielt eine Einnahme aus der Erstellung einer Umsatzsteuer-Voranmeldung für den Mandanten K. (200,00 € zzgl. 19 % USt).		
3.	Der vorsteuerabzugsberechtigte Einzelhändler S verkauft seinen betrieblichen Pkw für 11.900,00 € inkl. 19 % USt.		
4.	Das E-Werk versorgt die Abnehmer mit günstigem Strom und stellt hierfür eine Rechnung in Höhe von 119,00 € inkl. 19 % USt.		
5.	Der Gastwirt X schenkt dem Gast ein Glas Wein ein. Er vereinnahmt 5,95 € (inkl. 19 % USt).		

Lösung

Nr.	Vorgang	Steuerbar im Inland	Nicht steuerbar im Inland
1.	Der Textileinzelhändler verkauft in Berlin einem Kunden einen modischen Anzug für netto 800,00 €. Der Unternehmer bleibt bis zur vollständigen Zahlung des geforderten Preises Eigentümer der Ware.	**Lieferung**; § 1 (1) Nr.1 [4] i. V. m. § 3 (1) UStG [5] Betrag: 800,00 €	
2.	Der Steuerberater erzielt eine Einnahme aus der Erstellung einer Umsatzsteuer-Voranmeldung für den Mandanten K. (200,00 € zzgl. 19 % USt).	**Sonstige Leistung**; § 1 (1) Nr. 1 [4] i. V. m. § 3 (9) UStG [5]; Betrag: 200,00 €	

Nr.	Vorgang	Steuerbar im Inland	Nicht steuerbar im Inland
3.	Der vorsteuerabzugsberechtigte Einzelhändler S verkauft seinen betrieblichen Pkw für 11.900,00 € inkl. 19 % USt.	**Lieferung** (Hilfsgeschäft); § 1 (1) Nr. 1 [4] i. V. m. § 3 (1) UStG; Betrag: 10.000,00 €	
4.	Das E-Werk versorgt die Abnehmer mit günstigem Strom und stellt hierfür eine Rechnung in Höhe von 119,00 € inkl. 19 % USt.	**Lieferung**; § 1 (1) Nr. 1 [4] i.V.m. § 3 (1) UStG [5]; Betrag: 100,00 €; Hinweis auf § 3g UStG	
5.	Der Gastwirt X schenkt dem Gast ein Glas Wein ein. Er vereinnahmt 5,95 € (inkl. 19 % USt)	**Sonstige Leistung**; § 1 (1) Nr. 1 [4] i. V. m. § 3 (9) UStG [5]; Betrag: 5,00 € (Restaurationsumsatz)	

3.2.5 Leistungsaustausch – Zuordnung

Aufgabe

Bitte prüfen Sie nachfolgende Aussagen daraufhin, ob ein **umsatzsteuerlicher Leistungsaustausch** vorliegt und begründen Sie kurz.

Ihr Lösungsvorschlag:

Nr.	Vorgang	Ja oder nein
1.	Ein Zahnarzt behandelt einen Patienten unentgeltlich.	
2.	Der Installateur beseitigt eine Rohrverstopfung im Bad eines Kunden für brutto 119,00 € (inkl. USt).	
3.	Der Fußballverein hat laut Satzung seine Mitgliedsbeiträge vereinnahmt.	
4.	Der Zaun von Unternehmer X wird durch einen Passanten beschädigt. Die Haftpflichtversicherung des Schädigers zahlt an den Unternehmer 598,00 €.	
5.	Eine Fastfood-Filiale verkauft ein leckeres Menü zum Angebotspreis von 6,45 € (inkl. 7 % USt).	
6.	Tante Grete schenkt ihrem Neffen Hein ein Laptop im Wert von 500,00 €.	

Lösung

Nr.	Vorgang	Ja oder nein
1.	Ein Zahnarzt behandelt einen Patienten unentgeltlich.	Nein, es fließt kein Entgelt
2.	Der Installateur beseitigt eine Rohrverstopfung im Bad eines Kunden für brutto 119,00 € (inkl. USt).	Ja.
3.	Der Fußballverein hat laut Satzung seine Mitgliedsbeiträge vereinnahmt.	Nein, wirtschaftlicher Zusammenhang fehlt
4.	Der Zaun von Unternehmer X wird durch einen Passanten beschädigt. Die Haftpflichtversicherung des Schädigers zahlt an den Unternehmer 598,00 €.	Nein, es mangelt an der Leistung gegenüber der Versicherung
5.	Eine Fastfood-Filiale verkauft ein leckeres Menü zum Angebotspreis von 6,45 € (inkl. 7 % USt).	Ja, es liegt ein Leistungsaustausch vor. Die Gegenleistung besteht in der Zahlung des Entgeltes.
6.	Tante Grete schenkt ihrem Neffen Hein ein Laptop im Wert von 500,00 €.	Nein, es liegt kein Leistungsaustausch vor. Eine Gegenleistung wird hier nicht erwartet.

3.2.6 Fehlender Leistungsaustausch

Aufgabe

Bitte nennen Sie zwei Situationen, in denen *kein* umsatzsteuerlicher Leistungsaustausch vorliegt.

Ihr Lösungsvorschlag:

Lösung

Beispiele für fehlenden umsatzsteuerlichen Leistungsaustausch sind

1. Führen von Girokonten (siehe Abschnitt 1.1 (14) UStAE);
2. Gewährung einer Vereinsmitgliedschaft (siehe Abschnitt 1.1 (15a) UStAE)

3.2.7 Unternehmereigenschaft

Aufgabe

Entscheiden Sie bitte, ob bei den nachfolgenden Personen die Eigenschaft eines umsatzsteuerlichen Unternehmers im Sinne des § 2 UStG [6] besteht.

1. Karl Kluge ist angestellter Arzt in einer Fachklinik.
2. Rentner Altmann verkauft auf jedem Wochenmarkt Obst, welches er im eigenen Garten geerntet hat.
3. Udo Ungeduldig verkauft Bürobedarf in einem Kiosk. Er ist als Kleingewerbetreibender am Markt.

Ihr Lösungsvorschlag:

Lösung

1. Kein umsatzsteuerlicher Unternehmer, da nicht selbstständig.
2. Umsatzsteuerlicher Unternehmer, da alle Merkmale erfüllt.
3. Unternehmereigenschaft im Sinne des § 2 UStG [6] ist erfüllt.

3.2.8 Ortsbestimmung bei Lieferungen

Aufgabe

Bestimmen Sie bitte in den nachfolgenden Fällen den Ort und die Art der Lieferung.

1. Lieschen Müller (Unternehmerin in Hamburg) holt eine Maschine für ihr Unternehmen in Köln ab.
2. Karl Kluge kauft in München einen Pkw und lässt ihn durch einen Transporter nach Hause (Hamburg) bringen.
3. Unternehmer Dubois aus Paris liefert an den Unternehmer Frankemeier in Koblenz eine Produktionsmaschine in Höhe von 200.000,00 EUR (netto). Dubois befördert die Maschine mit dem eigenen Lkw nach Koblenz zu Frankemeier.

Ihr Lösungsvorschlag:

Lösung

1. Es handelt sich um eine *Abhollieferung*, da sie selbst die Maschine von Köln aus nach Hamburg transportiert (§ 3 (6) S. 2 UStG) [5]. Ort der Lieferung ist Hamburg nach § 3 (6) S. 1 UStG [5]. Somit ist die Lieferung in Deutschland steuerbar und mangels Steuerbefreiung steuerpflichtig.

2. Es handelt sich um eine **Beförderungslieferung** (§ 3 (6) S. 2 UStG) [5]. Ort der Lieferung ist München (§ 3 Abs. 6 S. 1 UStG) [5]. Die Lieferung ist im Inland steuerbar und mangels Steuerbefreiung steuerpflichtig.

3. Es handelt sich um eine bewegte Lieferung i.S.d. § 3 (1) UStG [5]. Da Dubois die Maschine selbst liefert, handelt es sich um eine **Beförderungslieferung** (§ 3 (6) S. 2 UStG) [5]. Der Ort der Lieferung liegt gemäß § 3 (6) S. 1 UStG [5] in Paris. Die Lieferung ist in Deutschland daher nicht steuerbar, da Dubois aus Sicht eines Franzosen eine steuerbare, aber in Frankreich steuerbefreite Lieferung ausführt.

   Frankemeier hingegen tätigt in Deutschland einen innergemeinschaftlichen Erwerb (Ort: Koblenz nach § 3d UStG) [7] nach § 1a (1) Nr. 1 UStG, da er die Maschine als umsatzsteuerlicher Unternehmer für sein Unternehmen erwirbt. Der Erwerb ist im Inland steuerbar (§ 1 (1) Nr. 5 UStG) [4] und mangels Steuerbefreiung (§ 4b UStG) [9] steuerpflichtig. Das Entgelt beläuft sich auf 200.000,00 EUR; die Umsatzsteuer

(= Erwerbssteuer) auf 38.000,00 EUR. Frankemeier hat die Erwerbsbesteuerung in Deutschland durchzuführen. Der Erwerbssteuer kann er in gleicher Höhe die Vorsteuer (§ 15 (1) S. 1 Nr. 3 UStG) [10] unter Einhaltung bestimmter Voraussetzungen gegenüberstellen.

Beide Unternehmer müssen mit ihren jeweiligen Umsatzsteuer-Identifikationsnummern auf der Rechnung auftreten.

3.2.9 Ortsbestimmung bei sonstigen Leistungen

Die umsatzsteuerliche Ortsbestimmung für sonstige Leistung erfolgt nach § 3a UStG [11]. Hier wird unterschieden zwischen den Grundregeln und den speziellen Regelungen. Bevor Sie nachfolgende Multiple-Choice-Aufgabe lösen, lesen Sie bitte zunächst den § 3a UStG [11] langsam und sorgfältig durch (auch wenn es zunächst mühsam ist).

Für die Beantwortung der nachfolgenden Fragen ist es empfehlenswert, das Gesetz zur Hilfe zu nehmen, um die richtige Antwort zu finden.

Aufgabe

Bitte kreuzen Sie im Folgenden an, ob die jeweiligen Aussagen richtig oder falsch sind. Sollte es sich um falsche Aussagen handeln, begründen Sie diese bitte stichwortartig.

Ihr Lösungsvorschlag:

Nr.	Aussage	Richtig	Falsch
1.	Die Grundregeln zur Ortsbestimmung von Sonstigen Leistungen finden sich im § 3a (1) und § 3a (2) EStG [11].		
	Begründung:		
2.	Die Grundregel nach § 3a (1) UStG [11] wird auch als „B2C" = Business to Consumer bezeichnet. Hierunter fallen Umsätze mit Nichtunternehmern.		
	Begründung:		
3.	Die Grundregel nach § 3a (2) UStG wird auch als „B2B" = Business to Business bezeichnet. Hierunter fallen Umsätze mit anderen Unternehmen.		
	Begründung:		

Nr.	Aussage	Richtig	Falsch
4.	Die Grundregeln werden nur in den Fällen angewandt, wo die speziellen Vorschriften nicht greifen.		
	Begründung:		
5.	Die Grundregeln werden immer zunächst auf Anwendung überprüft, bevor die speziellen gesetzlichen Regelungen in den nachfolgenden Absätzen zu Rate gezogen werden.		
	Begründung:		
6.	Unternehmer A (Koblenz) verleiht an einen Privatkunden P (Nichtunternehmer mit Wohnsitz in Berlin) einen Pkw für einen Zeitraum von 3 Monaten. Ort der sonstigen Leistung ist nach § 3a (1) UStG [11] Berlin.		
	Begründung:		
7.	Unternehmer A (Koblenz) verpachtet ein unbebautes Grundstück (Bad Neuenahr-Ahrweiler) an Unternehmer U. Der Ort der sonstigen Leistung (Belegenheitsort) ist gemäß § 3a (3) Nr. 1 Buchstabe a UStG [11] Bad Neuenahr-Ahrweiler.		
	Begründung:		
8.	Der Verzehr an Ort und Stelle (auch Restaurationsleistung genannt) ist keine Lieferung, sondern sonstige Leistung, da hier die Dienstleistung überwiegt. Deshalb greift hier bei der Ortsbestimmung die Vorschrift des § 3a UStG [11].		
	Begründung:		
9.	Nichtunternehmer P aus Paris isst in München in einem Fastfood-Restaurant zu Mittag. Ort der sonstigen Leistung ist gemäß § 3a (1) UStG [11] München.		
	Begründung:		
10.	Die Unterscheidung in *Sonstige Leistungen* und *Lieferungen* innerhalb der Umsatzsteuer wird hauptsächlich wegen der Ortsbestimmung nach unterschiedlichen gesetzlichen Vorschriften vorgenommen.		
	Begründung:		

Lösung

Folgende Antworten sind korrekt:

Nr.	Aussage	Richtig	Falsch
1.	Die Grundregeln zur Ortsbestimmung von Sonstigen Leistungen finden sich im § 3a (1) und § 3a (2) EStG [11].		X
	Begründung: Nein, die Grundregeln zur Ortsbestimmung von Sonstigen Leistungen finden sich im § 3a (1) [11] und § 3a (2) UStG [11].		
2.	Die Grundregel nach § 3a (1) UStG [11] wird auch als „B2C" = Business to Consumer bezeichnet. Hierunter fallen Umsätze mit Nichtunternehmern.	X	
3.	Die Grundregel nach § 3a (2) UStG wird auch als „B2B" = Business to Business bezeichnet. Hierunter fallen Umsätze mit anderen Unternehmen.	X	
4.	Die Grundregeln werden nur in den Fällen angewandt, wo die speziellen Vorschriften nicht greifen.	X	
5.	Die Grundregeln werden immer zunächst auf Anwendung überprüft, bevor die speziellen gesetzlichen Regelungen in den nachfolgenden Absätzen zu Rate gezogen werden.		X
	Begründung: Nein, zunächst werden immer die speziellen Rege-lungen überprüft, bevor auf die Grundregel zurückgegriffen wird.		
6.	Unternehmer A (Koblenz) verleiht an einen Privatkunden P (Nichtunternehmer mit Wohnsitz in Berlin) einen Pkw für einen Zeitraum von 3 Monaten. Ort der sonstigen Leistung ist nach § 3a (1) UStG [11] Berlin.		X
	Begründung: Nein, es handelt sich zwar bei P um einen Nichtunternehmer. Es greift aber § 3a (3) Nr. 2 Satz 3 UStG [11]. Hiernach ist der Ort der sonstigen Leistung bei einer nicht kurzfristigen Vermietung an einen Nichtunternehmer in Berlin (Wohnsitz des Leistungsempfängers).		
7.	Unternehmer A (Koblenz) verpachtet ein unbebautes Grundstück (Bad Neuenahr-Ahrweiler) an Unternehmer U. Der Ort der sonstigen Leistung (Belegenheitsort) ist gemäß § 3a (3) Nr. 1 Buchstabe a UStG [11] Bad Neuenahr-Ahrweiler.	X	
8.	Der Verzehr an Ort und Stelle (auch Restaurationsleistung genannt) ist keine Lieferung, sondern sonstige Leistung, da hier die Dienstleistung überwiegt. Deshalb greift hier bei der Ortsbestimmung die Vorschrift des § 3a UStG [11].	X	

Nr.	Aussage	Richtig	Falsch
9.	Nichtunternehmer P aus Paris isst in München in einem Fastfood-Restaurant zu Mittag. Ort der sonstigen Leistung ist gemäß § 3a (1) UStG [11] München.		X
	Begründung: Nein, der Ort der sonstigen Leistung befindet sich zwar in München. Aber es greift die Sonderregelung des § 3a (3) Nr. 3 Buchstabe b UStG. [11]		
10.	Die Unterscheidung in *Sonstige Leistungen* und *Lieferungen* innerhalb der Umsatzsteuer wird hauptsächlich wegen der Ortsbestimmung nach unterschiedlichen gesetzlichen Vorschriften vorgenommen.	X	

3.2.10 Werklieferung

Aufgabe

Schneidermeister S schneidert einen Maßanzug für Herrn M. S stellt die Hauptzutaten (Stoffe) und die Nebenzutaten (Garne und Knöpfe). Handelt es sich hierbei um eine *Werklieferung* oder *Werkleistung*? Wo liegt hier der Unterschied?

Ihr Lösungsvorschlag:

Lösung

Da S neben seiner Dienstleistung auch die Hauptzutaten selbst zur Verfügung stellt, handelt es sich um eine *Werklieferung* im Sinne des § 3 (4) UStG [5]:

§ 3 UStG – Lieferung, Sonstige Leistung

[…] (4) Hat der Unternehmer die Bearbeitung oder Verarbeitung eines Gegenstands übernommen und verwendet er hierbei Stoffe, die er selbst beschafft, so ist die Leistung als Lieferung anzusehen (Werklieferung), wenn es sich bei den Stoffen nicht nur um Zutaten oder sonstige Nebensachen handelt. […] [5]

Bei einer *Werkleistung* stellt der Auftraggeber die Hauptstoffe zur Herstellung zur Verfügung.

3.2.11 Steuersatz

Aufgabe

Wo findet sich im Umsatzsteuergesetz die Aufzählung der Umsätze, die zum ermä-
ßigten Steuersatz von 7 % besteuert werden? Bitte nennen Sie drei Beispiele.

Ihr Lösungsvorschlag:

Lösung

Die Umsätze, welche mit 7 % besteuert werden, finden sich in der Anlage 2 zum Umsatzsteuergesetz [12]. Beispiele: Lebensmittel, Bücher, Holz (hier: Brennholz).

3.3   Vorsteuerabzug

3.3.1   Rechnungsmerkmale (§ 14 UStG)

Aufgabe

Welche **Rechnungsmerkmale** müssen im Sinne des § 14 (4) UStG [13] erfüllt sein,
damit ein umsatzsteuerpflichtiger Unternehmer die Vorsteuer im Rahmen seiner Umsatzsteuer-Voranmeldung ziehen darf?

Ihr Lösungsvorschlag:

Lösung

- Folgende Rechnungsmerkmale müssen in einer umsatzsteuerlich korrekten Rechnung nach § 14 (4) UStG [13] enthalten sein:
- Vollständiger Name und vollständige Anschrift des leistenden Unternehmers und des Leistungsempfängers
- Steuernummer oder Umsatzsteuer-Identifikationsnummer
- Ausstellungsdatum
- Fortlaufende Rechnungsnummer
- Zeitpunkt der Lieferung oder Sonstigen Leistung
- nach Steuersätzen und nach Steuerbefreiungen aufgeschlüsselte Entgelt und jede im Voraus vereinbarte Entgeltminderung
- Steuersatz und Steuerbetrag bzw. Hinweis auf Steuerbefreiung
- Hinweis auf die Aufbewahrungspflicht des Leistungsempfängers (§ 14b (1) S. 5 UStG) [14]
- Bei Ausstellung der Rechnung durch den Leistungsempfänger oder einen beauftragten Dritten die Angabe der „Gutschrift"

3.3.2 Kleinbetragsrechnung (§ 33 UStDV)

Mit dem Zweiten Bürokratieentlastungsgesetz, dem am 12.05.2017 der Bundesrat zugestimmt hat, steigt die Grenze für Kleinbetragsrechnungen von bisher 150,00 EUR auf 250,00 EUR. Dies geschieht rückwirkend auf den 01.01.2017.

Aufgabe

Unternehmer U kauft in 00 in einem Baumarkt Instandhaltungsmaterial für sein Büro im Wert von 100,00 EUR brutto, inkl. 19 % Umsatzsteuer. U zahlt bar. Er liest später im Büro im § 33 UStDV [15], dass folgende Merkmale auf einer solchen Kleinbetragsrechnung mindestens enthalten sein müssen, damit ein Vorsteuerabzug möglich ist:
- Vollständiger Name und vollständige Anschrift des leistenden Unternehmers
- Ausstellungsdatum
- Menge und die Art der gelieferten Gegenstände oder Umfang und Art der sonstigen Leistung
- Entgelt zzgl. Umsatzsteuer in einer Summe (= Bruttobetrag)
- Steuersatz bzw. Hinweis auf Steuerbefreiung

U stellt fest: der vorliegende Beleg beinhaltet sämtliche Merkmale. Er bittet Sie nun um Hilfe, den Sachverhalt korrekt zu buchen.

Ihr Lösungsvorschlag:

Buchungsliste:

Nr.	Soll	Haben	Betrag/€	Text

Lösung

Folgende Buchung könnte vorgenommen werden:

Buchungsliste:

Nr.	Soll	Haben	Betrag/€	Text
	Instandhaltungs-kosten		84,03	Baumarkt; Instandhaltungsmaterial
	VoSt 19 %		15,97	Vorsteuer 19 %
		Kasse	100,00	Barzahlung Baumarkt-Rechnung

3.3.3 Vorsteueraufteilung

Aufgabe

Wie hoch ist der abzugsfähige Anteil der Vorsteuer im nachfolgenden Sachverhalt?
Sachverhalt:
Unternehmer U hat ein Gebäude errichtet, welches er wie folgt vermietet hat:

	Nutzfläche/m²	Mieteinnahmen/€
Erdgeschoss (Wohnung)	100 m² (1/3)	12.000,00
Obergeschoss I (Arztpraxis)	100 m² (1/3)	25.000,00
Obergeschoss II (Lokal)	100 m² (1/3)	20.000,00
Gesamt	**300 m² (1/3)**	**57.000,00**

Sowohl das Erdgeschoss als auch das 1. Obergeschoss (Wohnung, Arzt) werden steuerfrei überlassen, während das 2. Obergeschoss (Lokal) unter Verzicht auf die Steuerbefreiung (§ 9 UStG, Option) [16] vermietet werden. Der Vorsteuerbetrag aus der Errichtung des Gebäudes beträgt 333.000,00 EUR.

Ihr Lösungsvorschlag:

Lösung

Es gilt § 15 (4) UStG [10]:

§ 15 UStG – Vorsteuerabzug

[…] (4) Verwendet der Unternehmer einen für sein Unternehmen gelieferten, einge-
führten oder innergemeinschaftlich erworbenen Gegenstand oder eine von ihm in Anspruch genommene sonstige Leistung nur zum Teil zur Ausführung von Umsätzen,
die den Vorsteuerabzug ausschließen, so ist der Teil der jeweiligen Vorsteuerbeträge
nicht abziehbar, der den zum Ausschluss vom Vorsteuerabzug führenden Umsätzen
wirtschaftlich zuzurechnen ist. Der Unternehmer kann die nicht abziehbaren Teilbe-
träge im Wege einer sachgerechten Schätzung ermitteln. Eine Ermittlung des nicht
abziehbaren Teils der Vorsteuerbeträge nach dem Verhältnis der Umsätze, die den
Vorsteuerabzug ausschließen, zu den Umsätzen, die zum Vorsteuerabzug berechtigen,
ist nur zulässig, wenn keine andere wirtschaftliche Zurechnung möglich ist. […] [10]

Im vorliegenden Fall wird die Aufteilung der Vorsteuer **nach Nutzfläche** vorgenommen,
da die Aufteilung nach Mieteinnahmen unzulässig ist.

Da nur das 2. Obergeschoss aufgrund fehlender Steuerbefreiung zum Vorsteuerabzug
führt, ist der nachfolgende Betrag als Vorsteuer in Abzug zu bringen:

Vorsteuerbeträge gesamt: 333.000,00 EUR × 1/3 = 111.000,00 EUR.

Es ist ein Betrag in Höhe von insgesamt 111.000,00 EUR als Vorsteuer abzugsfähig.

3.3.4   Vorsteuerkorrektur

Aufgabe

Wie wird mit der Änderung der ursprünglichen Nutzung aus umsatzsteuerlicher Sicht umgegangen? Bitte stellen Sie den Sachverhalt rechnerisch nachvollziehbar dar.

Sachverhalt:

U1 kauft zum 01.04.00 einen Pkw für 100.000,00 EUR zzgl. 19 % USt = 19.000,00 EUR (Umsatzsteuer). Nach einem Jahr (01.04.01) entnimmt er den Pkw für private Zwecke. Der Teilwert (= Entnahmewert) soll 7.500,00 EUR betragen. U1 wird die Privatentnahme der Umsatzsteuer unterwerfen.

Ihr Lösungsvorschlag:

Lösung

Da der Pkw ab 04/01 nicht mehr betrieblich genutzt wird, ist die Vorsteuer nach § 15a UStG [17] zu korrigieren.

▶ Es ist nach gesetzlicher Vorschrift ein Korrektur-Zeitraum von 5 Jahren (bzw. bei Grundstücken 10 Jahre) zu betrachten.

Dies zeigt nachfolgende gesetzliche Vorschrift:

§ 15a UStG – Berichtigung des Vorsteuerabzugs
(1) Ändern sich bei einem Wirtschaftsgut, das nicht nur einmalig zur Ausführung von Umsätzen verwendet wird, innerhalb von fünf Jahren ab dem Zeitpunkt der erstmaligen Verwendung die für den ursprünglichen Vorsteuerabzug maßgebenden Verhältnisse, ist für jedes Kalenderjahr der Änderung ein Ausgleich durch eine Berichtigung des Abzugs der auf die Anschaffungs- oder Herstellungskosten entfallenden Vorsteuerbeträge vorzunehmen. Bei Grundstücken einschließlich ihrer wesentlichen Bestandteile, bei Berechtigungen, für die die Vorschriften des bürgerlichen Rechts über Grundstücke gelten, und bei Gebäuden auf fremdem Grund und Boden tritt an die Stelle des Zeitraums von fünf Jahren ein Zeitraum von zehn Jahren. [...] [17]

Liegt die Nutzungsdauer jedoch **unterhalb von 5 Jahren** (z. B. bei PC, 3 Jahre), dann ist die Korrektur innerhalb dieses Zeitraums vorzunehmen. In Bezug auf vorliegendes Beispiel gilt Folgendes:
- Berechtigung zum Vorsteuerabzug: 01.04.00 – 31.03.01
- Korrekturzeitraum: 01.04.01 – 31.03.05
- Vorsteuerbetrag verteilt auf 5 Jahre: 19.000,00 € / 5 Jahre = 3.800,00 €

Jahr	Zeitraum	Vorsteuerabzug	Betrag/€
01	01.04.00 – 31.03.01	Voller Vorsteuerabzug	3.800,00
02	01.04.01 – 31.03.02	Kein Vorsteuerabzug	3.800,00
03	01.04.02 – 31.03.03	Kein Vorsteuerabzug	3.800,00
04	01.04.03 – 31.03.04	Kein Vorsteuerabzug	3.800,00
05	01.04.04 – 31.03.05	Kein Vorsteuerabzug	3.800,00
Korrekturbetrag gesamt (4 × 3.800,00 €)			**15.200,00**

Das umsatzsteuerliche Ergebnis ermittelt sich wie folgt: U1 muss im Monat, in dem er den Pkw für private Zwecke entnommen hat, folgende Umsatzsteuer-Beträge anmelden:

Vorgang	Betrag/€
Umsatzsteuer auf die Entnahme (7.500,00 € × 19 %)	1.425,00
+ Vorsteuerkorrektur nach § 15a UStG [17]	15.200,00
Gesamtbetrag der anzumeldenden Umsatzsteuer	**16.625,00**

3.3.5   Vorsteuerabzug bei unentgeltlicher Wertabgabe

Aufgabe

Bitte stellen Sie für nachfolgenden Sachverhalt fest, ob ein Vorsteuerabzug im Rahmen der unentgeltlichen Wertabgabe (früher: Eigenverbrauch) möglich ist.[4]

Sachverhalt:

A ist Arzt und hat seinem Unternehmensvermögen ein Einfamilienhaus zugeordnet. Das Erdgeschoss nutzt dieser ausschließlich für private Zwecke, das Obergeschoss für die Praxis. Als Arzt erzielt er steuerfreie Umsätze im Sinne des § 4 Nr. 14 UStG [18].

Ihr Lösungsvorschlag:

Lösung

Dem A ist ein Vorsteuerabzug verwehrt, da die privat genutzte Fläche keine steuerbare unentgeltliche Wertabgabe darstellt (§ 3 Abs. 9a Nr. 1 UStG) [5]. Das Gebäude hat für den unternehmerisch genutzten Teil niemals zum Vorsteuerabzug berechtigt.

3.3.6   Unrichtiger Steuerausweis

Aufgabe

Unternehmer U sieht, dass ihm Lieferant L eine Rechnung mit falschem Steuerausweis zugesandt hat.

Muss die Rechnung korrigiert werden und wenn ja, nach welcher Vorschrift?

Ihr Lösungsvorschlag:

---

[4] In Anlehnung an: Abschnitt 3.4 (7) Satz 3 Beispiel 2 UStAE.

Lösung

Die Rechnung muss vom Aussteller korrigiert werden nach § 14c (1) UStG [19]:

§ 14c UStG – Unrichtiger oder unberechtigter Steuerausweis
(1) Hat der Unternehmer in einer Rechnung für eine Lieferung oder sonstige Leistung einen höheren Steuerbetrag, als er nach diesem Gesetz für den Umsatz schuldet, gesondert ausgewiesen (unrichtiger Steuerausweis), schuldet er auch den Mehrbetrag. Berichtigt er den Steuerbetrag gegenüber dem Leistungsempfänger, ist § 17 Abs. 1 [20] entsprechend anzuwenden [...]. [19]

Der Leistungsempfänger hat bei Änderung der Bemessungsgrundlage also auch seinen Vorsteuerabzug zu berichtigen (§ 17 (1) S. 2 UStG [20]).

3.3.7 Unberechtigter Steuerausweis

Aufgabe

Unternehmer U sieht, dass ihm seine Nachbarin N, die ihm ein Auto aus dem Privatvermögen verkauft hat, unberechtigterweise Umsatzsteuer auf der Rechnung ausgewiesen hat.

U fragt Sie, ob N die Steuer nun schuldet oder eine Rechnungskorrektur möglich ist. Bitte begründen Sie anhand des Umsatzsteuergesetzes.

Ihr Lösungsvorschlag:

Lösung

Ja, N schuldet zunächst die Umsatzsteuer. Sie kann die Rechnung aber korrigieren (§ 14c (2) UStG) [19]:

§ 14c UStG – Unrichtiger oder unberechtigter Steuerausweis

[…] (2) Wer in einer Rechnung einen Steuerbetrag gesondert ausweist, obwohl er zum gesonderten Ausweis der Steuer nicht berechtigt ist (unberechtigter Steuerausweis), schuldet den ausgewiesenen Betrag. […] Der nach den Sätzen 1 und 2 geschuldete Steuerbetrag kann berichtigt werden, soweit die Gefährdung des Steueraufkommens beseitigt worden ist. Die Gefährdung des Steueraufkommens ist beseitigt, wenn ein Vorsteuerabzug beim Empfänger der Rechnung nicht durchgeführt oder die geltend gemachte Vorsteuer an die Finanzbehörde zurückgezahlt worden ist. […] [19]

Für den Fall, dass die Rechnung durch die Ausstellerin korrigiert wird, ist die Umsatzsteuer nicht abzuführen, vorausgesetzt der Leistungsempfänger korrigiert seinen Vorsteuerabzug bzw. hat diese noch nicht in Abzug gebracht.

▷ Das Steueraufkommen darf nicht gefährdet werden.

3.4 Auslandsgeschäfte

Im Rahmen dieses Kapitels geht es um unterschiedliche Arten von Auslandsgeschäften, wie z. B. innergemeinschaftlicher Erwerb oder Einfuhr.

3.4.1 Innergemeinschaftlicher Erwerb

Aufgabe

Wann liegt ein innergemeinschaftlicher Erwerb vor? Erläutern Sie anhand eines Beispiels.

Ihr Lösungsvorschlag:

Lösung

Aus Sicht des **Leistungsempfängers**: Ein innergemeinschaftlicher Erwerb liegt vor, wenn z. B. ein Gegenstand aus dem Gebiet eines Mitgliedstaates (z. B. Italien) in das Gebiet eines anderen EU-Staates (z. B. Deutschland) importiert wird. Die Erwerbsbesteuerung obliegt dem Empfänger des Gegenstandes (**Erwerbsbesteuerung**), vorausgesetzt, er ist Unternehmer, welcher den Gegenstand **für sein Unternehmen** bezieht.

Aus Sicht des **leistenden Unternehmers**: Der leistende Unternehmer liefert dem Erwerber den Gegenstand im Rahmen seines Unternehmens gegen Entgelt. Die von ihm erstellte Rechnung beinhaltet den Hinweis auf die (aus seiner Sicht) steuerfreie innergemeinschaftliche Lieferung. Auf der Rechnung müssen die korrekten Umsatzsteuer-Identifikationsnummern beider Vertragsparteien enthalten sein.

3.4.2   Innergemeinschaftlicher Erwerb – Buchungsbeispiel

Aufgabe

Unternehmer U (bilanzierender, vorsteuerabzugsberechtigter Einzelunternehmer) ist Inhaber eines Baustoffmarktes in Leipzig. Seinen Bürobedarf (Kugelschreiber, Toner, Papier etc.) bezieht U aus Frankreich von Unternehmer F. Die Rechnung hierüber lautet über 500,00 EUR. Welche Buchung ist vorzunehmen?

Ihr Lösungsvorschlag:

Nr.	Soll	Haben	Betrag/€	Text
1.				
2.				

Lösung

Folgender Buchungssatz ist möglich:

Buchungsliste:

Nr.	Soll	Haben	Betrag/€	Text
1.	i. g. Erwerb Bürobedarf (Aufwandskonto)	Kreditor F	500,00	Kauf Bürobedarf in Frankreich
2.	VoSt 19 % i.g. Erwerb	USt 19 % i.g. Erwerb	95,00	Erwerbsbesteuerung

3.4.3 Innergemeinschaftliche Lieferung

Aufgabe

Unternehmer U (bilanzierender, vorsteuerabzugsberechtigter Einzelunternehmer) ist Inhaber eines Baustoffmarktes in Berlin. Er verkauft Waren für 400,00 EUR an ein Unternehmen in Italien. Die entsprechenden Umsatzsteuer-Identifikationsnummern beider Vertragsparteien hat U in der Rechnung erfasst.

Welche Buchung ist vorzunehmen?

Ihr Lösungsvorschlag:

Nr.	Soll	Haben	Betrag/€	Text
1.				

Lösung

Buchungsliste:

Nr.	Soll	Haben	Betrag/€	Text
1.	Ford.aLuL	Steuerfreie Umsätze nach § 4 Nr. 1b UStG [18]	500,00	i. g. Lieferung von Waren nach Frankreich

3.4.4 Einfuhr

Aufgabe

In welchen Fällen spricht man aus umsatzsteuerlicher Sicht von einer *Einfuhr*?

Ihr Lösungsvorschlag:

Lösung

Bei einer Einfuhr wird Ware aus dem Drittlandsgebiet ins umsatzsteuerliche Inland oder in die österreichischen Gebiete Jungholz und Mittelberg (siehe auch § 1 (1) Nr. 4 UStG) [4] versendet. Es fällt Einfuhrumsatzsteuer (EUSt) an.

3.4.5   Einfuhr – Buchungsbeispiel

Aufgabe

Unternehmer U (bilanzierender, vorsteuerabzugsberechtigter Einzelunternehmer) ist Inhaber eines Baustoffmarktes in Leipzig. Er kauft Waren für 400,00 EUR von einem Unternehmer B in der Schweiz. Welche Buchung ist vorzunehmen?

Ihr Lösungsvorschlag:

Nr.	Soll	Haben	Betrag/€	Text
1.				
2.				

Lösung

Der vorgenannte Sachverhalt kann wie folgt gebucht werden:

Buchungsliste:

Nr.	Soll	Haben	Betrag/€	Text
1.	Wareneinkauf Drittland (steuerfrei)	Kreditor B	400,00	i.g.Lieferung von Waren nach Frankreich
2.	Bezahlte Einfuhrumsatzsteuer	Kreditor B	76,00	EUSt-Abzug

3.4.6   Ausfuhr

Aufgabe

Unternehmer U (bilanzierender, vorsteuerabzugsberechtigter Einzelunternehmer) ist Inhaber eines Baustoffmarktes in Weimar. Er verkauft Waren für 200,00 EUR an ein Unternehmen S in der Schweiz. Welche Buchung ist vorzunehmen?

Ihr Lösungsvorschlag:

Nr.	Soll	Haben	Betrag/€	Text
1.				

Lösung

Folgender Buchungssatz kann für vorgenannten Sachverhalt erfasst werden:

Buchungsliste:

Nr.	Soll	Haben	Betrag/€	Text
1.	Debitor S	Steuerfreie Umsätze gem. § 4 Nr. 1a UStG [18]	200,00	Ausfuhr

3.4.7   Einfuhr – Ortsbestimmung

Aufgabe

Unternehmer L aus Luzern (Schweiz) liefert Handelsware an den Unternehmer B in Bochum. B lässt die Handelsware in den freien Verkehr überführen und entrichtet die Einfuhrumsatzsteuer.

Wo liegt hier der Ort der Lieferung und wo ist die Vorschrift im Umsatzsteuergesetz zu finden? Ist ein Vorsteuerabzug möglich?

Ihr Lösungsvorschlag:

Lösung

Der Ort der Lieferung ist nach § 3 (6) UStG [5] dort, wo die Beförderung der Handelsware beginnt: Luzern. Da die Ware für das Unternehmen des B ins Inland eingeführt wird, kann dieser die Einfuhrumsatzsteuer als Vorsteuer in Abzug bringen.

3.5   Umsatzsteuerliche Besonderheiten

3.5.1   Anzahlung in Form der „erhaltenen Anzahlung"

Aufgabe

a) Unternehmer U (vorsteuerabzugsberechtigter Einzelunternehmer) erhält von einem Kunden eine **Anzahlung** (= Geldzahlung vor Leistungserbringung) auf sein betriebliches Bankkonto für bestellte Handelswaren. Der Betrag lautet über 2.380,00 EUR brutto inkl. 19 % USt. U unterliegt der Sollversteuerung.
   Wie ist vorgenannter Sachverhalt umsatzsteuerlich korrekt zu buchen?

Ihr Lösungsvorschlag:

Nr.	Soll	Haben	Betrag/€	Text
1.				
2.				

b) U erstellt einige Tage später die Endabrechnung in Höhe von 5.950,00 EUR brutto. Die bereits erhaltene Anzahlung zieht er in der Endabrechnung vom Gesamtbetrag ab. Der noch offen stehende Betrag in Höhe von 5.950,00 EUR ./. 2.380,00 EUR = 3.570,00 EUR überweist der Kunde umgehend per Banküberweisung.

Ihr Lösungsvorschlag:

Nr.	Soll	Haben	Betrag/€	Text
1.				
2.				
3.				
4.				
5.				

Lösung:

a) Bei der **erhaltenen Anzahlung** entsteht der Steueranspruch am Ende des Voranmeldezeitraums, in dem die Zahlung vereinnahmt wurde (§ 13 (1) Nr. 1a UStG) [21]. Fällig wird sie zum 10. des Folgemonats nach Beendigung des Voranmeldezeitraums.

Nr.	Soll	Haben	Betrag/€	Text
1.	Bank	Erhaltene Anzahlungen	2.000,00	Erhaltene Anzahlung
2.	Bank	USt 19 %	380,00	Umsatzsteuer

b) Im Rahmen der Endabrechnung muss die bereits erhaltene Anzahlung berücksichtigt werden. Eine Buchung des Sachverhaltes kann wie folgt vorgenommen werden:

Nr.	Soll	Haben	Betrag/€	Text
1.	Ford.aLuL	Erlöse 19 % USt	5.000,00	Verkauf Handelsware
2.	Ford.aLuL	USt 19 %	950,00	Umsatzsteuer 19 %
3.	Erhaltene Anzahlung	Ford.aLuL	2.000,00	Verrechnung Anzahlung netto
4.	USt 19 %	Ford.aLuL	380,00	Umsatzsteuer-Korrektur
5.	Bank	Ford.aLuL	3.570,00	Forderungseingang Restzahlung

3.5.2 Anzahlung in Form der „geleisteten Anzahlung"

Aufgabe

a) Unternehmer U (vorsteuerabzugsberechtigter Einzelunternehmer) leistet für einen bevorstehenden Wareneinkauf eine **Anzahlung** (= Geldzahlung vor Leistungserbringung) auf das Bankkonto des Lieferanten T. Er unterliegt der Sollversteuerung. Der Betrag lautet über 1.190,00 EUR brutto inkl. 19 % USt.

Ihr Lösungsvorschlag:

Nr.	Soll	Haben	Betrag/€	Text
1.				
2.				

b) U erhält nach Lieferung der Ware die Endabrechnung in Höhe von 2.380,00 EUR
brutto. Die bereits erhaltene Anzahlung zieht er in der Endabrechnung vom Gesamtbetrag ab. Der noch offen stehende Betrag in Höhe von 1.190,00 EUR überweist er umgehend an den Lieferanten.

Ihr Lösungsvorschlag:

Nr.	Soll	Haben	Betrag/€	Text
1.				
2.				
3.				
4.				
5.				

Lösung

a) Für den Vorsteuerabzug benötigt der zahlende Unternehmer eine ordnungsgemäß
ausgestellte Rechnung gem. § 14 (4) UStG [13]. Folgende Buchung wäre denkbar:

Nr.	Soll	Haben	Betrag/€	Text
1.	Geleistete Anzahlung	Bank	1.000,00	Geleistete Anzahlung
2.	VoSt 19 %	Bank	190,00	Vorsteuer 19 %

b) Nach Rechnungseingang ist die Vorsteuer zu korrigieren:

Nr.	Soll	Haben	Betrag/€	Text
1.	Wareneinkauf	Kreditor T	2.000,00	Wareneinkauf
2.	VoSt 19 %	Kreditor T	380,00	Vorsteuer 19 %
3.	Kreditor T	Geleistete Anzahlung	1.000,00	Verrechnung Anzahlung
4.	Kreditor T	VoSt 19 %	190,00	Vorsteuer-Korrektur
5.	Kreditor T	Bank	1.190,00	Ausgleich Rechnung

3.5.3   Kleinunternehmer

Aufgabe

Wer gehört zur Gruppe der Kleinunternehmer?
Wo ist die Eigenschaft des Kleinunternehmers gesetzlich geregelt?
Welche Bedeutung hat die Kleinunternehmereigenschaft?

Ihr Lösungsvorschlag:

Lösung

Zur Gruppe der Kleinunternehmer gehören alle diejenigen, die einen Vorjahresumsatz von weniger als 17.500,00 EUR (brutto) und weniger als 50.000,00 EUR (brutto) im laufenden Geschäftsjahr realisiert haben. Geregelt ist dies im § 19 UStG [22]. Als Kleinunternehmer weist man selbst in der Ausgangsrechnung keine Umsatzsteuer aus und darf im Gegenzug auch keine Vorsteuer in Abzug bringen.

§ 19 UStG – Besteuerung der Kleinunternehmer
(1) Die für Umsätze im Sinne des § 1 Abs. 1 Nr. 1 geschuldete Umsatzsteuer wird von Unternehmern, die im Inland oder in den in § 1 Abs. 3 bezeichneten Gebieten ansässig sind, nicht erhoben, wenn der in Satz 2 bezeichnete Umsatz zuzüglich der darauf entfallenden Steuer im vorangegangenen Kalenderjahr 17.500 EUR nicht überstiegen hat und im laufenden Kalenderjahr 50.000 EUR voraussichtlich nicht übersteigen wird. […] [22]

3.5.4 Option

Was ist unter einer Option zu verstehen und in welcher Situation wendet man diese an?

Ihr Lösungsvorschlag:

Lösung

Die Option ist nach § 9 UStG [16] die Möglichkeit des Unternehmers, einen steuerbefreiten Umsatz steuerpflichtig zu behandeln, um in der Konsequenz angefallene und nachgewiesene Vorsteuerbeträge geltend machen zu können.

§ 9 UStG – Option

(1) Der Unternehmer kann einen Umsatz, der nach § 4 Nr. 8 Buchstabe a bis g, Nr. 9 Buchstabe a, Nr. 12, 13 oder 19 [18] steuerfrei ist, als steuerpflichtig behandeln, wenn der Umsatz an einen anderen Unternehmer für dessen Unternehmen ausgeführt wird. […] [16]

3.5.5 Reihengeschäfte

Was ist aus umsatzsteuerlicher Sicht ein *Reihengeschäft*?

Ihr Lösungsvorschlag:

Lösung

Ein *Reihengeschäft* liegt vor, wenn mehrere Unternehmer über einen Gegenstand ein Geschäft abgeschlossen haben. Der Gegenstand wird bei diesen Geschäften vom ersten Unternehmer an den Käufer (Abnehmer) gelangen (siehe auch § 3 (6) UStG [5]).

Jedes Reihengeschäft besteht aus einer bewegten und einer oder mehreren ruhenden Lieferungen. Die Zuordnung der Lieferung ist für eine korrekte Ortsbestimmung und die Feststellung der Steuerbarkeit im Inland unerlässlich.

Beispiele zu Reihengeschäften finden sich im Abschnitt 3.14 UStAE.

3.5.6   Reihengeschäfte – Ortsbestimmung

Aufgabe

Unternehmer R aus Rastatt bestellt beim Unternehmer P in Paris (Frankreich) eine Maschine zur Produktion von Spezialschrauben. P hat diese Maschine nicht vorrätig und bestellt diese wiederum bei Unternehmer M in München. Dieser liefert die Maschine sofort an R nach Rastatt.

Welche Lieferungen liegen diesem Sachverhalt zugrunde und wie erfolgt die Ortsbestimmung?

Sind die vorhandenen Lieferungen steuerbar?

Ihr Lösungsvorschlag:

Lösung

Es handelt sich um ein Reihengeschäft im Sinne des § 3 (6) Satz 5 UStG [5]:

> **§ 3 UStG – Lieferung, Sonstige Leistung**
>
> […] (6) […] Schließen mehrere Unternehmer über denselben Gegenstand Umsatzgeschäfte ab und gelangt dieser Gegenstand bei der Beförderung oder Versendung unmittelbar vom ersten Unternehmer an den letzten Abnehmer, ist die Beförderung oder Versendung des Gegenstands nur einer der Lieferungen zuzuordnen. […] [5]

Es liegen insgesamt eine bewegte Lieferung (M/P) und eine unbewegte (ruhende) Lieferung (P/R) liegt.

Der Ort der bewegten Lieferung befindet sich gemäß § 3 (6) Satz 1 UStG [5] dort, wo sich der Gegenstand zu Beginn der Beförderung befindet: München. Somit ist die Lieferung in Deutschland steuerbar.

Der Ort der ruhenden Lieferung befindet sich dort, wo sich der Gegenstand am Ende der Beförderung befindet: Rastatt. Der Umsatz ist im Inland steuerbar. Es handelt sich bei der unbewegten Lieferung um eine Lieferung, die der bewegten Lieferung folgt § 3 (7) Satz 2 Nr. 2 UStG [5].

3.5.7   Restaurationsumsatz

Aufgabe

Erläutern Sie den Begriff des **Restaurationsumsatzes** und die hiermit verbundene Auswirkung auf den anzuwendenden Steuersatz.

Ihr Lösungsvorschlag:

Lösung

Bei einem Restaurationsumsatz handelt es sich um einen Verzehr an Ort und Stelle, wo die Dienstleistung (Sonstige Leistung) im Vergleich zur Lieferung überwiegt. Die Nebenleistung (Lieferung) teilt das Schicksal der Hauptleistung (Dienstleistung).

Beispiel zu „Leistungen eines Fast-Food-Restaurants"

Bei Fastfood-Ketten werden Speisen und Getränke häufig am Autoschalter zum Verkauf angeboten. Bei dieser Form der Leistung überwiegt die Lieferung, also die Verschaffung der Verfügungsmacht an der Ware. *Anzuwendender Steuersatz: 7 %*

Für den Fall, dass die Speisen und Getränke vor Ort, also innerhalb der zur Verfügung gestellten Räumlichkeiten, vom Kunden zu sich genommen werden, überwiegt die Dienstleistung (z. B. Bedienung, Zubereitung des Menüs, Reinigung). Die Nebenleistung (Lieferung der Speisen) teilt das Schicksal der Hauptleistung. *Anzuwendender Steuersatz: 19 %.*

3.5.8 Schadenersatz

Aufgabe

Bitte erläutern Sie kurz die Situation eines „echten Schadenersatzes".

Ihr Lösungsvorschlag:

Lösung

Bei einem echten Schadenersatz wird der Schaden z. B. durch den Schädiger selbst beseitigt. Er könnte auch einen Erfüllungsgehilfen hiermit beauftragen. Denkbar wäre auch die Geldzahlung durch den Schädiger, um den entstandenen Schaden wieder gut zu machen (siehe auch: Abschnitt 1.3 Abs. 1 Satz 3 UStAE).

3.5.9   Umkehr der Steuerschuldnerschaft nach § 13b UStG

3.5.9.1   Bauleistungen (Sicht Leistungsempfänger)

Aufgabe

Unternehmer M (bilanzierender, vorsteuerabzugsberechtigter Einzelunternehmer) ist Inhaber eines Baustoffmarktes in Dresden. Er nimmt Bauleistungen eines in Italien ansässigen Unternehmers I in Anspruch. Die vorgenannte Leistung wird ihm mit 20.000,00 EUR (netto) in Rechnung gestellt. Darüber hinaus beinhaltet die Rechnung den Hinweis auf die Umkehr der Steuerschuldnerschaft gemäß § 13b UStG [23].

Wie ist dieser Sachverhalt aus Sicht des Leistungsempfängers M zu buchen?

Ihr Lösungsvorschlag:

Nr.	Soll	Haben	Betrag/€	Text
1.				
2.				

Lösung

M kann die im Inland erklärte Umsatzsteuer für die Leistung des Unternehmers I als Vorsteuer in Abzug bringen.

Nr.	Soll	Haben	Betrag/€	Text
1.	Bauleistungen gemäß § 13b UStG	Kreditor I	20.000,00	Bauleistung nach § 13b UStG
2.	VoSt nach § 13b UStG	USt nach § 13b UStG	3.800,00	USt/VoSt nach § 13b UStG

3.5.9.2   Bauleistungen (Sicht Leistender)

Aufgabe

Unternehmer I aus Italien erbringt eine Bauleistung für den Unternehmer M in Deutschland. Die vorgenannte Leistung stellt er M mit 20.000,00 EUR (netto) in Rechnung. Darüber hinaus beinhaltet die Rechnung den Hinweis auf die Umkehr der Steuerschuldnerschaft gemäß § 13b UStG [23].

Wie ist dieser Sachverhalt aus Sicht des leistenden Unternehmers I zu buchen?

Ihr Lösungsvorschlag:

Nr.	Soll	Haben	Betrag/€	Text
1.				

Lösung

Vorgenannter Sachverhalt kann wie folgt gebucht werden:

Nr.	Soll	Haben	Betrag/€	Text
1.	Debitor M	Erlöse aus Leistungen, für die der Leistungsempfänger die Umsatzsteuer nach § 13b UStG schuldet	20.000,00	Erbringung Bauleistung nach § 13 b UStG

▶ Gleichgültig, ob die Vorschrift des § 13b UStG auf der Rechnung enthalten ist oder nicht, die Umkehr der Steuerschuldnerschaft muss auf jeden Fall beachtet werden!!

3.5.9.3 Fälle des § 13b UStG?

Aufgabe

Bitte prüfen Sie, ob es sich bei nachfolgenden Sachverhalten um solche handelt, wo § 13b UStG greift. Geben Sie ggf. die entsprechende Vorschrift an.

Ihr Lösungsvorschlag:

Nr.	Aussage	Ja	Nein
1.	Bauunternehmer B (Bonn) erstellt im Auftrag des Kunden K (Düsseldorf) ein Betriebsgebäude in Köln. Der Einbau der Fenster übernimmt Subunternehmer F (Paris, Frankreich).		
	Begründung:		

Nr.	Aussage	Ja	Nein
2.	Unternehmer S (Sicherungsgeber) in Bonn lässt sich eine betriebliche Maschine durch die Bank B in Dresden finanzieren. Bis zum Zeitpunkt der Rückzahlung wird die Maschine der Bank B (Sicherungsnehmer) zur Sicherheit übereignet. Als S sein Darlehen nicht zurückführen kann, veräußert die Bank B die zur Sicherheit übereignete Maschine an den Unternehmer A in Wiesbaden. Der Verkauf der Maschine durch B an den Abnehmer A führt zu den Lieferungen S an B und zur Lieferung B an A.		
	Begründung:		
3.	Unternehmer U ist Eigentümer eines betrieblichen Gebäudes in Ulm. Er lässt sich durch Unternehmer T in Köln einen Personenaufzug und eine Rolltreppe einbauen. Hierzu müssen erhebliche Veränderungen an dem Gebäude vorgenommen werden.		
	Begründung:		
4.	Die Grundregeln werden nur in den Fällen angewandt, wo die speziellen Vorschriften nicht greifen.		
	Begründung:		
5.	Unternehmer W (Wiederverkäufer) in Worms lässt sich vom Anbieter A (Berlin) Erdgas liefern, um diese an seine Kunden weiter zu veräußern.		
	Begründung:		
6.	Unternehmensberater K (Rom, Italien) berät in München einen Unternehmer D (München, Deutschland) in der Angelegenheit „Neue Unternehmensstruktur" **dauerhaft** (2 Jahre).		
	Begründung:		

Lösung

Folgende Antworten sind korrekt:

Nr.	Aussage	Ja	Nein
1.	Bauunternehmer B (Bonn) erstellt im Auftrag des Kunden K (Düsseldorf) ein Betriebsgebäude in Köln. Der Einbau der Fenster übernimmt Subunternehmer F (Paris, Frankreich).	X	
	Begründung: *§ 13b (2) Nr. 1 UStG [23]; Es liegt eine Werklieferung des F vor.*		
2.	Unternehmer S (Sicherungsgeber) in Bonn lässt sich eine betriebliche Maschine durch die Bank B in Dresden finanzieren. Bis zum Zeitpunkt der Rückzahlung wird die Maschine der Bank B (Sicherungsnehmer) zur Sicherheit übereignet. Als S sein Darlehen nicht zurückführen kann, veräußert die Bank B die zur Sicherheit übereignete Maschine an den Unternehmer A in Wiesbaden. Der Verkauf der Maschine durch B an den Abnehmer A führt zu den Lieferungen S an B und zur Lieferung B an A.	X	
	Begründung: *§ 13b (2) Nr. 2 UStG [23]*		
3.	Unternehmer U ist Eigentümer eines betrieblichen Gebäudes in Ulm. Er lässt sich durch Unternehmer T in Köln einen Personenaufzug und eine Rolltreppe einbauen. Hierzu müssen erhebliche Veränderungen an dem Gebäude vorgenommen werden.	X	
	Begründung: *§ 13b (2) Nr. 2 UStG [23]*		
4.	Die Grundregeln werden nur in den Fällen angewandt, wo die speziellen Vorschriften nicht greifen.	X	
	Begründung: *§ 13b (2) Nr. 4 UStG [23]*		
5.	Unternehmer W (Wiederverkäufer) in Worms lässt sich vom Anbieter A (Berlin) Erdgas liefern, um diese an seine Kunden weiter zu veräußern.	X	
	Begründung: *§ 13b (2) Nr. 5 Buchstabe b UStG [23]*		
6.	Unternehmensberater K (Rom, Italien) berät in München einen Unternehmer D (München, Deutschland) in der Angelegenheit „Neue Unternehmensstruktur" **dauerhaft** (2 Jahre).	X	
	Begründung: *§ 13b (3) UStG [23]*		

3.5.10 Umsatzsteuer-Identifikationsnummer

Aufgabe

Welche Funktion hat die Umsatzsteuer-Identifikationsnummer?

Ihr Lösungsvorschlag:

Lösung

Die **Umsatzsteueridentifikationsnummer** (USt-ID) wird von jedem Unternehmer benötigt, der z. B. **Warenlieferungen** in das übrige Gemeinschaftsgebiet ausführt oder **sonstige Leistungen** (steuerpflichtig) im Sinne des § 3a (2) UStG im übrigen Gemeinschaftsgut erbringt, für die der Leistungsempfänger die Steuer schuldet.

Beantragt wird die USt-ID (kostenlos) beim:

Finanzamt (bei Neugründung) bzw.

Bundeszentralamt für Steuern (schriftlich oder online)

Für die Beantragung der Umsatzsteuer-Identifikationsnummer ist die Unternehmereigenschaft im Sinne des § 2 UStG erforderlich.

Die USt-ID kann **nicht** für den privaten Gebrauch eingesetzt werden, sondern lediglich im unternehmerischen Bereich.

Nähere Informationen erhalten Sie beim Bundeszentralamt für Steuern.

3.5.11 Differenzbesteuerung

Aufgabe

Werkstattinhaber U kauft von Privatmann P Ersatzteile, die dieser nicht mehr benötigt. U erwirbt diese für 100,00 EUR bar ohne Umsatzsteuer. Veräußern wird U die Ersatzteile zu einem Preis von 123,80 EUR (inkl. anteiliger Umsatzsteuer).

a) Was ist unter einer Differenzbesteuerung zu verstehen und wo ist diese im Umsatzsteuergesetz geregelt?

Ihr Lösungsvorschlag:

b) Welche Buchungssätze sind vorzunehmen bei 1) Kauf und 2) Verkauf?

Ihr Lösungsvorschlag:

Nr.	Soll	Haben	Betrag/€	Text
Buchung bei Einkauf:				
1.				
Buchung bei Verkauf:				
2.				

Lösung

a) Bei der Differenzbesteuerung wird unter bestimmten Voraussetzungen nur auf die Differenz von Einkaufs- und Verkaufspreis die Umsatzsteuer erhoben. Geregelt ist diese Vorgehensweise im § 25 UStG [24].

b) **Buchungsliste:**

Nr.	Soll	Haben	Betrag/€	Text
Buchung bei Einkauf:				
1.	Wareneinkauf Differenzbesteuerung	Kasse	100,00	Barkauf Ersatzteile
Buchung bei Verkauf:				
2.	Bank		123,80	
		Erlöse ohne USt	100,00	
		Erlöse mit USt 19 %	20,00	
		USt 19 %	3,80	

3.6   Zusammenfassung – 50 Multiple-Choice-Fragen

Aufgabe

Bitte kreuzen Sie im Folgenden an, ob die jeweiligen Aussagen richtig oder falsch sind. Sollte es sich um falsche Aussagen handeln, begründen Sie diese bitte stichwortartig.

Ihr Lösungsvorschlag:

Nr.	Aussage	Richtig	Falsch
1.	Umsatzsteuerliche Regelungen finden sich im UStG oder im KStG.		
	Begründung:		
2.	Ein steuerbarer Umsatz ist ein Umsatz, der unter § 1 (1) UStG [4] fällt.		
	Begründung:		
3.	Ein steuerbarer Umsatz ist gekennzeichnet durch einen Unternehmer, der im Rahmen seines Unternehmens gegen Entgelt im Inland eine Lieferung oder Sonstige Leistung erbringt.		
	Begründung:		

Nr.	Aussage	Richtig	Falsch
4.	Lieferungen und Sonstige Leistungen werden im Umsatzsteuer-recht unter dem Oberbegriff „Leistungen" erfasst.		
	Begründung:		
5.	Ein steuerfreier Umsatz muss gleichzeitig auch ein steuerbarer Umsatz sein.		
	Begründung:		
6.	Ein steuerbarer Umsatz ist auch immer ein umsatzsteuerpflichtiger Umsatz.		
	Begründung:		
7.	Die Steuerfreiheit ist geregelt im § 4 UStG [18].		
	Begründung:		
8.	Ruhende Lieferungen sind Reihengeschäften zuzuordnen und werden im § 3 (7) UStG [5] geregelt.		
	Begründung:		
9.	Bewegte Lieferungen sind nur bei Auslandsgeschäften zu finden.		
	Begründung:		
10.	Bei Reihengeschäften gibt es immer 1 bewegte und 1 oder mehrere ruhende Lieferungen.		
	Begründung:		
11.	Zu den steuerbaren und umsatzsteuerbefreiten Vorgängen gehören z. B. langfristige Vermietungsumsätze, Heilbehandlungs-maßnahmen.		
	Begründung:		
12.	Option bedeutet der Verzicht auf die Steuerbefreiung gemäß § 8 UStG [25].		
	Begründung:		

Nr.	Aussage	Richtig	Falsch
13.	Die Vorsteuer ist eine Forderung gegenüber dem Finanzamt (aus Sicht des Leistungsempfängers). Geregelt ist der Vorsteuerabzug im § 16 UStG [26].		
	Begründung:		
14.	Einzelkaufleute erbringen stets umsatzsteuerpflichtige Umsätze.		
	Begründung:		
15.	Die Definition des Begriffs „Unternehmer" im (§ 2 UStG) [6] ist identisch mit dem Begriff des „Gewerbetreibenden" gemäß § 15 EStG [10].		
	Begründung:		
16.	Umsatzsteuerlicher Unternehmer ist jeder, der gewerblich oder beruflich Einnahmen erzielt.		
	Begründung:		
17.	Reverse Charge steht für zeitverzögerte Versteuerung.		
	Begründung:		
18.	Die „Umkehr der Steuerschuldnerschaft" ist geregelt im § 13 UStG. [21]		
	Begründung:		
19.	Auch Nichtunternehmer können im Rahmen ihrer Haushalts-buchführung die *Vorsteuer* geltend machen und beim Finanzamt zurückfordern.		
	Begründung:		
20.	*Steuerentstehung* hinsichtlich der Umsatzsteuer ist geregelt im § 13 UStG [21]		
	Begründung:		

Nr.	Aussage	Richtig	Falsch
21.	Der umsatzsteuerpflichtige Unternehmer ist niemals *gewerbesteuerpflichtig.*		
	Begründung:		
22.	Der *Ort der sonstigen Leistung* ist geregelt im § 13a UStG [27].		
	Begründung:		
23.	Der *Ort der Lieferung* findet sich im § 3 (6) EStG [5].		
	Begründung:		
24.	Ist der Ort des Umsatzes nicht im umsatzsteuerlichen Inland, so ist der Umsatz im Inland aus umsatzsteuerlicher Sicht nicht *steuerbar.*		
	Begründung:		
25.	Befindet sich der Ort des Umsatzes im Inland, gilt dieser Umsatz als *steuerbefreit.*		
	Begründung:		
26.	Ein *innergemeinschaftlicher Erwerb* erfordert die Angabe der Umsatzsteuer-Identifikationsnummer beider Vertragsparteien auf der Rechnung.		
	Begründung:		
27.	Die *Umsatzsteuer-Identifikationsnummer* muss stets auf Richtigkeit überprüft werden. Dies geschieht beim Bundeszentralamt für Finanzen.		
	Begründung:		
28.	Es ist stets die alleinige Aufgabe des Steuerberaters die Umsatzsteuer-Identifikationsnummer zu überprüfen. Der Steuerpflichtige hat hiermit nichts zu tun.		
	Begründung:		

Nr.	Aussage	Richtig	Falsch
29.	Die *Einfuhrumsatzsteuer* bezeichnet die Umsatzsteuer bei Import einer Ware aus dem Drittlandsgebiet.		
	Begründung:		
30.	Das *Entgelt* ist die Bemessungsgrundlage für die Zahllast.		
	Begründung:		
31.	Die *Umsatzsteuer* kann beim Jahresabschluss mit der tariflichen Einkommensteuer verrechnet werden.		
	Begründung:		
32.	Die *Umsätze zum ermäßigten Steuersatz (7 %)* finden sich in der Anlage 3 zum Umsatzsteuergesetz.		
	Begründung:		
33.	*Erhaltene Anzahlungen* gelten als Forderungen. Die Umsatzsteuer muss (sofern es sich um umsatzsteuerpflichtige Leistungen handelt), ebenfalls gebucht werden.		
	Begründung:		
34.	*Geleistete Anzahlungen* werden in der Buchhaltung als Forderung auf der Aktivseite der Bilanz ausgewiesen. Die Umsatzsteuer spielt bei der Buchung keine Rolle.		
	Begründung:		
35.	Die Umsatzsteuer-Voranmeldung muss nicht erstellt werden, wenn der Steuerpflichtige dieses nicht für wichtig erachtet.		
	Begründung:		
36.	ELSTER steht für Elektronische Steuererklärung.		
	Begründung:		
37.	*Forderungen* werden bei umsatzsteuerpflichtigen Unternehmern immer brutto (also inklusive der gesetzlich gültigen Umsatzsteuer) gebucht.		
	Begründung:		

Nr.	Aussage	Richtig	Falsch
38.	*Umsatzsteuerbeträge* können auch geschätzt werden, wenn keine ordnungsgemäßen Belege vorliegen.		
	Begründung:		
39.	Bei langfristigen *Vermietungsumsätzen* handelt es sich um steuerfreie Umsätze.		
	Begründung:		
40.	Kurzfristige Vermietungsumsätze (z. B. Hotelübernachtungen) gehören zu den umsatzsteuerbefreiten Umsätzen.		
	Begründung:		
41.	*Hotelübernachtungen* unterliegen dem ermäßigten Umsatzsteuersatz.		
	Begründung:		
42.	*Rückstellungen* werden stets netto gebucht, da die Leistung zum Bilanzstichtag noch nicht erbracht wurde.		
	Begründung:		
43.	Die *Vorsteuerkorrektur* erfolgt immer dann, wenn Nutzungsänderungen im Sinne des § 15b UStG [29] vorliegen.		
	Begründung:		
44.	Bei einer *Dauerfristverlängerung* hat der Unternehmer 8 Wochen mehr Zeit, die Umsatzsteuer-Voranmeldung an das Finanzamt per ELSTER zu übermitteln (§ 18 (6) UStG) [30].		
	Begründung:		
45.	In Ausnahmefällen darf die *Umsatzsteuer-Voranmeldung* 4 Monate später an das zuständige Finanzamt übermittelt werden, sofern der umsatzsteuerpflichtige Unternehmer hierzu früher nicht in der Lage war.		
	Begründung:		

Nr.	Aussage	Richtig	Falsch
46.	Die *Umsatzsteuer-Jahreserklärung* wird im Zusammenhang mit dem betreffenden Jahresabschluss des Unternehmens dem Finanzamt eingereicht.		
	Begründung:		
47.	Die Umsatzsteuer-Nachschau ist gesetzlich im § 27b UStG [31] geregelt.		
	Begründung:		
48.	Die Umsatzsteuer-Nachschau ist wie die Kassen-Nachschau Erfindung der Autorin.		
	Begründung:		
49.	Das Dreiecksgeschäft nach § 25b UStG [31] ist eine Sonderform des Reihengeschäfts.		
	Begründung:		
50.	Für das Dreiecksgeschäft benötigen die beteiligten Unternehmer eine gültige Umsatzsteuer-Identifikationsnummer.		
	Begründung:		

Lösung

Die Lösungsvorschläge sind nachfolgender Tabelle zu entnehmen.

Nr.	Aussage	Richtig	Falsch
1.	Umsatzsteuerliche Regelungen finden sich im UStG oder im KStG.		X
	Begründung: Nein, umsatzsteuerliche Regelungen finden sich ausschließlich im UStG.		
2.	Ein steuerbarer Umsatz ist ein Umsatz, der unter § 1 (1) UStG [4] fällt.	X	
3.	Ein steuerbarer Umsatz ist gekennzeichnet durch einen Unternehmer, der im Rahmen seines Unternehmens gegen Entgelt im Inland eine Lieferung oder Sonstige Leistung erbringt.	X	
4.	Lieferungen und Sonstige Leistungen werden im Umsatzsteuerrecht unter dem Oberbegriff „Leistungen" erfasst.	X	

Nr.	Aussage	Richtig	Falsch
5.	Ein steuerfreier Umsatz muss gleichzeitig auch ein steuerbarer Umsatz sein.	X	
6.	Ein steuerbarer Umsatz ist auch immer ein umsatzsteuerpflichtiger Umsatz.		X
	Begründung: Nein, ein steuerbarer Umsatz kann auch ein umsatzsteuerbefreiter Umsatz sein.		
7.	Die Steuerfreiheit ist geregelt im § 4 UStG [18].	X	
8.	Ruhende Lieferungen sind Reihengeschäften zuzuordnen und werden im § 3 (7) UStG [5] geregelt.		
9.	Bewegte Lieferungen sind nur bei Auslandsgeschäften zu finden.		X
	Begründung: Nein, bewegte Lieferungen sind stets Bestandteil von Reihengeschäften. Sie sind nicht auf Auslandsgeschäfte begrenzt.		
10.	Bei Reihengeschäften gibt es immer 1 bewegte und 1 oder mehrere ruhende Lieferungen.	X	
11.	Zu den steuerbaren und umsatzsteuerbefreiten Vorgängen gehören z. B. langfristige Vermietungsumsätze, Heilbehandlungsmaßnahmen.	X	
12.	Option bedeutet der Verzicht auf die Steuerbefreiung gemäß § 8 UStG [25].		X
	Begründung: Nein, die Option ist geregelt im § 9 UStG [16].		
13.	Die Vorsteuer ist eine Forderung gegenüber dem Finanzamt (aus Sicht des Leistungsempfängers). Geregelt ist der Vorsteuerabzug im § 16 UStG [26].		X
	Begründung: Nein, der Vorsteuerabzug ist im § 15 UStG [10] geregelt.		
14.	Einzelkaufleute erbringen stets umsatzsteuerpflichtige Umsätze.		X
	Begründung: Nein, Kleinunternehmer sind beispielsweise nicht umsatzsteuerpflichtig.		
15.	Die Definition des Begriffs „Unternehmer" im (§ 2 UStG) [6] ist identisch mit dem Begriff des „Gewerbetreibenden" gemäß § 15 EStG [10].		X
	Begründung: Nein, der Gewerbetreibende hat unter anderem Gewinnerzielungsabsicht, beim umsatzsteuerlichen Unternehmer genügt die Einnahmeerzielungsabsicht.		
16.	Umsatzsteuerlicher Unternehmer ist jeder, der gewerblich oder beruflich Einnahmen erzielt.	X	

Nr.	Aussage	Richtig	Falsch
17.	Reverse Charge steht für zeitverzögerte Versteuerung.		X
	Begründung: Nein, Reverse Charge steht für Umkehr der Steuerschuldnerschaft.		
18.	Die „Umkehr der Steuerschuldnerschaft" ist geregelt im § 13 UStG. [21]		X
	Begründung: Nein, die Umkehr der Steuerschuldnerschaft ist geregelt im § 13b UStG. [23]		
19.	Auch Nichtunternehmer können im Rahmen ihrer Haushaltsbuchführung die *Vorsteuer* geltend machen und beim Finanzamt zurückfordern.		X
	Begründung: Nein, Nichtunternehmer sind nicht zum Vorsteuerabzug berechtigt.		
20.	*Steuerentstehung* hinsichtlich der Umsatzsteuer ist geregelt im § 13 UStG. [21]	X	
21.	Der umsatzsteuerpflichtige Unternehmer ist niemals *gewerbesteuerpflichtig*.		X
	Begründung: Nein, ein umsatzsteuerpflichtiger Unternehmer kann durchaus gewerbesteuerpflichtig sein.		
22.	Der *Ort der sonstigen Leistung* ist geregelt im § 13a UStG [27].		X
	Begründung: Nein, der Ort der sonstigen Leistung wird im § 3a UStG betrachtet.		
23.	Der *Ort der Lieferung* findet sich im § 3 (6) EStG [5].		X
	Begründung: Nein, der Ort der Lieferung findet sich im § 3 (6) UStG [5].		
24.	Ist der Ort des Umsatzes nicht im umsatzsteuerlichen Inland, so ist der Umsatz im Inland aus umsatzsteuerlicher Sicht nicht *steuerbar*.	X	
25.	Befindet sich der Ort des Umsatzes im Inland, gilt dieser Umsatz als *steuerbefreit*.		X
	Begründung: Nein, der Umsatz ist nicht steuerbar. Somit stellt sich die Frage nach der Steuerfreiheit nicht.		
26.	Ein *innergemeinschaftlicher Erwerb* erfordert die Angabe der Umsatzsteuer-Identifikationsnummer beider Vertragsparteien auf der Rechnung.	X	
27.	Die *Umsatzsteuer-Identifikationsnummer* muss stets auf Richtigkeit überprüft werden. Dies geschieht beim Bundeszentralamt für Finanzen.		X

Nr.	Aussage	Richtig	Falsch
	Begründung: Nein, die Richtigkeit der Umsatzsteuer-Identifika-tionsnummer wird beim Bundeszentralamt für Steuern überprüft.		
28.	Es ist stets die alleinige Aufgabe des Steuerberaters die Umsatzsteuer-Identifikationsnummer zu überprüfen. Der Steuerpflichtige hat hiermit nichts zu tun.		X
	Begründung: Nein, beide Vertragsparteien müssen auf die Richtigkeit der Umsatzsteuer-Identifikationsnummer achten.		
29.	Die *Einfuhrumsatzsteuer* bezeichnet die Umsatzsteuer bei Import einer Ware aus dem Drittlandsgebiet.	X	
30.	Das *Entgelt* ist die Bemessungsgrundlage für die Zahllast.		X
	Begründung: Nein, das Entgelt ist die Bemessungsgrundlage zur Ermittlung der Traglast. Es gilt die Formel: Entgelt × Steuersatz = Traglast.		
31.	Die *Umsatzsteuer* kann beim Jahresabschluss mit der tariflichen Einkommensteuer verrechnet werden.		X
	Begründung: Nein, eine Verrechnung der Umsatzsteuer mit der tariflichen Einkommensteuer ist nicht möglich. Verrechnet werden kann lediglich die Gewerbesteuer.		
32.	Die *Umsätze zum ermäßigten Steuersatz (7 %)* finden sich in der Anlage 3 zum Umsatzsteuergesetz.		X
	Begründung: Nein, die ermäßigt besteuerten Umsätze finden sich in Anlage 2 zum Umsatzsteuergesetz. [12]		
33.	*Erhaltene Anzahlungen* gelten als Forderungen. Die Umsatzsteuer muss (sofern es sich um umsatzsteuerpflichtige Leistungen handelt), ebenfalls gebucht werden.		X
	Begründung: Nein, erhaltene Anzahlungen gehören zu den Verbindlichkeiten.		
34.	*Geleistete Anzahlungen* werden in der Buchhaltung als Forderung auf der Aktivseite der Bilanz ausgewiesen. Die Umsatzsteuer spielt bei der Buchung keine Rolle.		X
	Begründung: Nein, bei geleisteten Anzahlungen handelt es sich um Forderungen. Der Zahlungsempfänger muss den Geldbetrag an den Zahlenden zurück überweisen, sofern er die vereinbarte Leistung nicht erbringt. Bei geleisteten Anzahlungen wird die Vorsteuer gebucht, sofern eine umsatzsteuerlich ordnungsgemäße Rechnung vorliegt.		
35.	Die Umsatzsteuer-Voranmeldung muss nicht erstellt werden, wenn der Steuerpflichtige dieses nicht für wichtig erachtet.		X

Nr.	Aussage	Richtig	Falsch
	Begründung: Nein, der Steuerpflichtige ist verpflichtet, eine Umsatzsteuer-Voranmeldung gemäß § 18 UStG [30] zu erstellen und an das Finanzamt per ELSTER zu übermitteln.		
36.	ELSTER steht für Elektronische Steuererklärung.	X	
37.	*Forderungen* werden bei umsatzsteuerpflichtigen Unternehmern immer brutto (also inklusive der gesetzlich gültigen Umsatzsteuer) gebucht.	X	
38.	*Umsatzsteuerbeträge* können auch geschätzt werden, wenn keine ordnungsgemäßen Belege vorliegen.		X
	Begründung: Nein, die Umsatzsteuerbeträge müssen stets per Beleg nachgewiesen werden. Eine Schätzung ist nicht erlaubt.		
39.	Bei langfristigen *Vermietungsumsätzen* handelt es sich um steuerfreie Umsätze.	X	
40.	Kurzfristige Vermietungsumsätze (z. B. Hotelübernachtungen) gehören zu den umsatzsteuerbefreiten Umsätzen.		X
	Begründung: Nein, kurzfristige Vermietungsumsätze gehören grundsätzlich zu den umsatzsteuerpflichtigen Umsätzen.		
41.	*Hotelübernachtungen* unterliegen dem ermäßigten Umsatzsteuersatz.	X	
42.	*Rückstellungen* werden stets netto gebucht, da die Leistung zum Bilanzstichtag noch nicht erbracht wurde.	X	
43.	Die *Vorsteuerkorrektur* erfolgt immer dann, wenn Nutzungsänderungen im Sinne des § 15b UStG [29] vorliegen.		X
	Begründung: Nein, die Vorsteuerkorrektur erfolgt dann, wenn Nutzungsänderungen im Sinne des § 15a UStG [29] vorliegen.		
44.	Bei einer *Dauerfristverlängerung* hat der Unternehmer 8 Wochen mehr Zeit, die Umsatzsteuer-Voranmeldung an das Finanzamt per ELSTER zu übermitteln (§ 18 (6) UStG) [30].		X
	Begründung: Nein, es ist eine Verlängerung bis Monat gemäß § 18 (6) UStG [30] möglich.		
45.	In Ausnahmefällen darf die *Umsatzsteuer-Voranmeldung* 4 Monate später an das zuständige Finanzamt übermittelt werden, sofern der umsatzsteuerpflichtige Unternehmer hierzu früher nicht in der Lage war.		X
	Begründung: Nein, auch die Umsatzsteuer-Voranmeldungen müssen pünktlich zum 10. des Folgemonats nach Ablauf des Voranmeldezeitraums an das Finanzamt übermittelt werden. Ansonsten drohen steuerliche Nebenleistungen wie z.B. Säumnis- oder Verspätungszuschläge.		

Nr.	Aussage	Richtig	Falsch
46.	Die *Umsatzsteuer-Jahreserklärung* wird im Zusammenhang mit dem betreffenden Jahresabschluss des Unternehmens dem Finanzamt eingereicht.	X	
47.	Die Umsatzsteuer-Nachschau ist gesetzlich im § 27b UStG [31] geregelt.	X	
48.	Die Umsatzsteuer-Nachschau ist wie die Kassen-Nachschau Erfindung der Autorin.		X
	Begründung: Nein, beides gibt es in der Realität zur Sicherung der Einnahmeerzielung.		
49.	Das Dreiecksgeschäft nach § 25b UStG [31] ist eine Sonderform des Reihengeschäfts.	X	
50.	Für das Dreiecksgeschäft benötigen die beteiligten Unternehmer eine gültige Umsatzsteuer-Identifikationsnummer.	X	

3.7   Quellenverzeichnis zum Kapitel „Umsatzsteuer"

Bundesministerium der Justiz und für Verbraucherschutz

[1]   https://www.gesetze-im-internet.de/ao_1977/__152.html; Abruf am 21.05.2017
[2]   http://www.gesetze-im-internet.de/ao_1977/__240.html; Abruf am 21.05.2017
[3]   http://www.gesetze-im-internet.de/ao_1977/__329.html; Abruf am 21.05.2017
[4]   https://www.gesetze-im-internet.de/ustg_1980/__1.html; Abruf am 21.05.2017
[5]   https://www.gesetze-im-internet.de/ustg_1980/__3.html; Abruf am 21.05.2017
[6]   https://www.gesetze-im-internet.de/ustg_1980/__2.html; Abruf am 22.05.2017
[7]   https://www.gesetze-im-internet.de/ustg_1980/__3d.html; Abruf am 22.05.2017
[8]   https://www.gesetze-im-internet.de/ustg_1980/__1a.html; Abruf am 22.05.2017
[9]   https://www.gesetze-im-internet.de/ustg_1980/__4b.html; Abruf am 22.05.2017
[10] https://www.gesetze-im-internet.de/ustg_1980/__15.html; Abruf am 22.05.2017
[11] https://www.gesetze-im-internet.de/ustg_1980/__3a.html; Abruf am 22.05.2017
[12] https://www.gesetze-im-internet.de/ustg_1980/anlage_2.html; Abruf am 23.05.2017
[13] https://www.gesetze-im-internet.de/ustg_1980/__14.html; Abruf am 23.05.2017
[14] https://www.gesetze-im-internet.de/ustg_1980/__14b.html; Abruf am 23.05.2017
[15] https://www.gesetze-im-internet.de/ustdv_1980/__33.html; Abruf am 23.05.2017
[16] https://www.gesetze-im-internet.de/ustg_1980/__9.html; Abruf am 23.05.2017
[17] https://www.gesetze-im-internet.de/ustg_1980/__15a.html; Abruf am 23.05.2017
[18] https://www.gesetze-im-internet.de/ustg_1980/__4.html; Abruf am 23.05.2017
[19] https://www.gesetze-im-internet.de/ustg_1980/__14c.html; Abruf am 23.05.2017
[20] https://www.gesetze-im-internet.de/ustg_1980/__17.html; Abruf am 23.05.2017
[21] https://www.gesetze-im-internet.de/ustg_1980/__13.html; Abruf am 23.05.2017
[22] https://www.gesetze-im-internet.de/ustg_1980/__19.html; Abruf am 23.05.2017

[23] https://www.gesetze-im-internet.de/ustg_1980/__13b.html; Abruf am 23.05.2017

[24] https://www.gesetze-im-internet.de/ustg_1980/__25.html; Abruf am 23.05.2017

[25] https://www.gesetze-im-internet.de/ustg_1980/__8.html; Abruf am 23.05.2017

[26] https://www.gesetze-im-internet.de/ustg_1980/__16.html; Abruf am 23.05.2017

[27] https://www.gesetze-im-internet.de/ustg_1980/__13a.html; Abruf am 23.05.2017

[28] https://www.gesetze-im-internet.de/ustg_1980/anlage_3.html; Abruf am 23.05.2017

[29] https://www.gesetze-im-internet.de/estg/__15b.html; Abruf am 23.05.2017

[30] https://www.gesetze-im-internet.de/ustg_1980/__18.html; Abruf am 23.05.2017

[31] https://www.gesetze-im-internet.de/ustg_1980/__27b.html; Abruf am 23.05.2017

[32] https://www.gesetze-im-internet.de/ustg_1980/__25b.html; Abruf am 23.05.2017

Fazit
4

Dieses Übungsbuch sollte dem Leser ermöglichen, bestehende Grundlagenkenntnisse in der Buchführung, Bilanzierung und der Umsatzsteuer zu festigen und zu erweitern. Ein Anspruch auf Vollständigkeit wird nicht erhoben.

Über Fragen oder Anmerkungen freut sich die Autorin Karin Nickenig, wenn Sie ihr diese per Mail (office@karin-nickenig.de) zukommen lassen.

Karin Nickenig dankt Ihren Lesern für das Interesse an diesem Übungsbuch und wünscht ihnen alles Gute und viel Erfolg!

Mülheim-Kärlich, den 04.06.2018

© Springer Fachmedien Wiesbaden GmbH, ein Teil von Springer Nature 2018
K. Nickenig, *Übungsbuch Buchführung, Bilanzierung und Umsatzsteuer*,
https://doi.org/10.1007/978-3-658-22718-0_4

Steuerlehre und Buchführung
↗ Neu: **eBook inside**

Bornhofen Steuerlehre 1
Rechtslage 2018

Die 39., überarbeitete Auflage berücksichtigt die bis zum 31.05.2018 maßgebliche Rechtslage. Rechtsänderungen, die sich ab 01.06.2018 noch für 2018 ergeben, können Sie kostenlos unter www.springer-gabler.de/bornhofen mit dem Link „Online Plus" auf der Seite zum Buch abrufen.

Unsere Nr. 1 in der Steuerlehre !

Manfred Bornhofen/Martin C. Bornhofen
Steuerlehre 1 Rechtslage 2018
Allgemeines Steuerrecht,
Abgabenordnung, Umsatzsteuer
39., überarb. Aufl. 2018. XX, 438 S.
Br. + eBook inside, € (D) 22,99
ISBN 978-3-658-21697-9

Lösungen zur Steuerlehre 1
Rechtslage 2018

Das Lösungsbuch zur Steuerlehre 1 hilft Ihnen, Ihre selbst erarbeiteten Lösungen zu den Fällen des Lehrbuchs zu überprüfen. Um Ihnen über das Lehrbuch hinaus Übungsmaterial zur Verfügung zu stellen, ist die 39., überarbeitete Auflage des Lösungsbuchs um zusätzliche Prüfungsaufgaben mit Lösungen zur Vertiefung Ihres Wissens erweitert.

Manfred Bornhofen/Martin C. Bornhofen
Lösungen zum Lehrbuch
Steuerlehre 1 Rechtslage 2018
Mit zusätzlichen Prüfungsaufgaben
und Lösungen
39., überarb. Aufl. 2018. VIII, 144 S.
Br. + eBook inside, € (D) 19,99
ISBN 978-3-658-21699-3

Bornhofen Buchführung 1
DATEV-Kontenrahmen 2018

Die 30., überarbeitete Auflage berücksichtigt die bis zum 31.05.2018 maßgebliche Rechtslage. Rechtsänderungen ab 01.06. für 2018 können Sie kostenlos unter www.springer-gabler.de/bornhofen über den Service-Link „Online Plus" auf der Homepage zum Buch abrufen.

Unsere Nr. 1 in der Buchführung !

Manfred Bornhofen/Martin C. Bornhofen
Buchführung 1
DATEV-Kontenrahmen 2018
Grundlagen der Buchführung für
Industrie- und Handelsbetriebe
30., überarb. Aufl. 2018. XVI, 484 S.
Br. + eBook inside, € (D) 22,99
ISBN 978-3-658-21693-1

Lösungen zur Buchführung 1
DATEV-Kontenrahmen 2018

Das Lösungsbuch zur Buchführung 1 hilft Ihnen, Ihre selbst erarbeiteten Lösungen zu den Fällen des Lehrbuchs zu überprüfen. Die 30., überarbeitete Auflage des Lösungsbuchs bietet zusätzliche Prüfungsaufgaben mit Lösungen zur Vertiefung Ihres Wissens.

Manfred Bornhofen/Martin C. Bornhofen
Lösungen zum Lehrbuch Buchführung 1
DATEV-Kontenrahmen 2018
Mit zusätzlichen Prüfungsaufgaben
und Lösungen
30., überarb. Aufl. 2018. VIII, 161 S.
Br. + eBook inside, € (D) 19,99
ISBN 978-3-658-21695-5

Stand: Mai 2018. Änderungen vorbehalten.
Erhältlich im Buchhandel oder beim Verlag.
Abraham-Lincoln-Straße 46 . D-65189 Wiesbaden
Tel. +49 (0)6221/3 45 - 4301 . springer-gabler.de

 Springer Gabler

Steuerlehre und Buchführung
↗ Neu: **eBook inside**

Bornhofen Steuerlehre 2
Rechtslage 2017

Die Steuerlehre 2 mit ihren Ertragsteuerthemen erscheint stets im Februar mit dem vollständigen Rechtsstand des Vorjahres. Die 38., überarbeitete Auflage berücksichtigt die bis zum 31.12.2017 relevanten Aktualisierungen und bietet einen zusätzlichen Ausblick auf die Rechtslage 2018.

Unsere Nr. 1 in der Steuerlehre !

Manfred Bornhofen/Martin C. Bornhofen
Steuerlehre 2 Rechtslage 2017
Einkommensteuer, Körperschaftsteuer, Gewerbesteuer, Bewertungsgesetz und Erbschaftsteuer
38., überarb. Aufl. 2018. XXI, 492 S.
Br. + eBook inside, € (D) 22,99
ISBN 978-3-658-16943-5

Lösungen zur Steuerlehre 2
Rechtslage 2017

Das Lösungsbuch zur Steuerlehre 2 hilft Ihnen, Ihre selbst erarbeiteten Lösungen zu den Fällen des Lehrbuchs zu überprüfen. Um Ihnen über die Angebote des Lehrbuchs hinaus Übungsmaterial zur Verfügung zu stellen, ist die 38., überarbeitete Auflage des Lösungsbuchs um zusätzliche Prüfungsaufgaben mit Lösungen zur Vertiefung Ihres Wissens erweitert.

Manfred Bornhofen/Martin C. Bornhofen
Lösungen zum Lehrbuch
Steuerlehre 2 Rechtslage 2017
Mit zusätzlichen Prüfungsaufgaben und Lösungen
38., überarb. Aufl. 2018. X, 206 S.
Br. + eBook inside, € (D) 19,99
ISBN 978-3-658-16947-3

Bornhofen Buchführung 2
DATEV-Kontenrahmen 2017

Die Buchführung 2 vermittelt die vertiefenden Themen des externen Rechnungswesens. Vor allem Aufgaben- und Übungsteil sind den gestiegenen Anforderungen der Praxis angepasst. Die 29., überarbeitete Auflage berücksichtigt die bis zum 31.12.2017 maßgebliche Rechtslage und bietet einen Ausblick auf 2018.

Unsere Nr. 1 in der Buchführung !

Manfred Bornhofen/Martin C. Bornhofen
Buchführung 2
DATEV-Kontenrahmen 2017
Grundlagen der Buchführung für Industrie- und Handelsbetriebe
29., überarb. Aufl. 2018. XV, 395 S.
Br. + eBook inside, € (D) 22,99
ISBN 978-3-658-16949-7

Lösungen zur Buchführung 2
DATEV-Kontenrahmen 2017

Das Lösungsbuch zur Buchführung 2 hilft Ihnen, Ihre selbst erarbeiteten Lösungen zu den Fällen des Lehrbuchs zu überprüfen. Die 29., überarbeitete Auflage des Lösungsbuchs bietet zusätzliche Prüfungsaufgaben mit Lösungen zur Vertiefung Ihres Wissens.

Manfred Bornhofen/Martin C. Bornhofen
Lösungen zum Lehrbuch Buchführung 2
DATEV-Kontenrahmen 2017
Mit zusätzlichen Prüfungsaufgaben und Lösungen
29., überarb. Aufl. 2018. VIII, 161 S.
Br. + eBook inside, € (D) 19,99
ISBN 978-3-658-16951-0

Stand: Mai 2018. Änderungen vorbehalten.
Erhältlich im Buchhandel oder beim Verlag.
Abraham-Lincoln-Straße 46 . D-65189 Wiesbaden
Tel. +49 (0)6221/3 45 - 4301 . springer-gabler.de

Springer Gabler

The manufacturer's authorised representative in the EU is Springer Nature Customer Service Centre GmbH, Europaplatz 3, 69115 Heidelberg, Germany. If you have any concerns regarding our products, please contact ProductSafety@springernature.com

Printed and bound by CPI Group (UK) Ltd, Croydon, CR0 4YY

27/04/2026

02097658-0008